化育之道

——残疾人高等教育的理念与实践

刘志敏 著

The Commercial Press

2016年·北京

图书在版编目(CIP)数据

化育之道:残疾人高等教育的理念与实践/刘志敏著.—北京:商务印书馆,2016
ISBN 978-7-100-11610-7

Ⅰ.①化… Ⅱ.①刘… Ⅲ.①残疾人－高等教育－研究－中国 Ⅳ.①G769.2②G649.2

中国版本图书馆 CIP 数据核字(2015)第 230080 号

所有权利保留。
未经许可,不得以任何方式使用。

化育之道
——残疾人高等教育的理念与实践
刘志敏 著

商 务 印 书 馆 出 版
(北京王府井大街36号 邮政编码100710)
商 务 印 书 馆 发 行
北 京 冠 中 印 刷 厂 印 刷
ISBN 978-7-100-11610-7

2016年9月第1版	开本 880×1230 1/32
2016年9月北京第1次印刷	印张 9¾

定价:25.00元

目　录

第一篇　特色之路

立人为本　构建高质量的残疾人医学教育体系
　　——滨州医学院残疾人高等医学教育的探索和实践………… 3
努力探索和构建适合残疾大学生特点的思想政治教育模式 … 10
残疾人大学生心理教育模式的构建与实践 ………………… 19
创新活动方式,传承优良学风……………………………… 28
建立和完善残疾人大学生助学体系与激励机制的实践 ……… 34
坚持科学发展观,实现残疾人高等教育新跨越……………… 41
如何理解本科教学评估中的"办学特色"……………………… 50
在何种意义上说残疾人高等教育是我校的办学特色………… 59

第二篇　化育之道

努力探索和实施适合残疾大学生特点的思想政治教育模式
　　——在全校大学生思想政治教育工作会议上的发言……… 73

铸自强之魂,建精神家园 ……………………………………… 79
引领残疾大学生走健康和谐全面发展的道路
　　——探索适合残疾大学生特点的德育模式 ……………… 85
自强之基
　　——滨州医学院残疾人医学系体育活动纪实 …………… 89
论说服教育的有效条件 …………………………………………… 93
论德育说服的艺术技巧 …………………………………………… 100
立人之道:肢残大学生综合康复模式的构建与实践 …………… 107
培育大学文化的实践与思考 ……………………………………… 116
培育仁爱情怀,弘扬自强精神 …………………………………… 121

第三篇　理性思考

加快发展我国残疾人高等教育的思考 …………………………… 133
韩国特殊教育的概况及思考 ……………………………………… 139
试论科学的残疾人就业观 ………………………………………… 144
残疾人劳动保障就业探讨 ………………………………………… 154
全面建设小康社会与残疾人就业 ………………………………… 168
我国残疾人就业的发展前景 ……………………………………… 179
盲人、聋哑大学生个性及心理健康状况调查 …………………… 190
肢体残疾医科大学生个性及心理健康状况调查 ………………… 196
肢残大学生体育锻炼与自我概念增强相关性研究 ……………… 200
残疾大学生身体意象与心理健康的关系研究 …………………… 208
超越自卑
　　——残疾人大学生心理教育模式的构建与实践 ………… 224

科学发展,再创辉煌
　　——写在第二十二个全国助残日 ……………………… 236
站在新起点,实现新跨越 ……………………………… 240
打造医教学科融合发展新高地,着力培养教育康复复合型人才
　　——访特殊教育学院院长刘志敏 ………………………… 243

第四篇　育人之乐

教师的境界 ……………………………………………… 249
辅导员如何进行走上研究的道路 …………………… 255
走进阳光地带
　　——滨州医学院残疾人医学系素描 …………………… 260
仁心妙术谱写生命赞歌
　　——滨州医学院特殊教育学院校友访谈实录 ………… 269
中国残疾大学毕业生发展状况研究 ………………… 282

后记 ……………………………………………………… 302

第一篇 特色之路

立人为本 构建高质量的残疾人医学教育体系

——滨州医学院残疾人高等医学教育的探索和实践

滨州医学院于1985年创办了全国第一个专门招收残疾人的本科专业,开创了我国残疾人高等教育的先河,在国内外产生了广泛的影响。20多年来,学校坚持以人为本的办学和育人理念,弘扬人道主义,锐意进取,不断开辟残疾人高等教育新境界,为我国残疾人事业的发展作出了突出贡献。中国残疾人联合会主席邓朴方给予极高的评价:"滨州医学院在国内首先提出创办残疾人高等医学教育,培养的学生非常出色,这是我们的骄傲!"如今,人们说起我国的残疾人高等教育总是从1985年滨医创办医学二系讲起,而说起滨州医学院也往往首先想到到她的残疾人教育,残疾人教育已经深深融入到滨医的精神生命中,成为滨医一个鲜明的办学特色。

学校努力探索适合中国国情、满足社会需要的残疾人高等医学教育模式,根据残疾人大学生的身心特点和社会需要,在培养目标、教育过程、教育模式、文化培育、资源整合上，进行了创新设计，提出并实施以"立人为本"、"和谐发展"的全人教育理念，形成了一条残健融合、教育与康复相结合、科学与人文契合、全面发展与个性发展整合的残疾人高等教育新模式。

一、残健融合 残疾人与健全人共同学习共同生活；同时，残疾人学生有适当的集中。在临床医学专业统一的教育目标和计划要求下，考虑残疾人的身心特点和未来职业发展需要，实施个别化培养学习计划——这种"有分有合，有同有别"的模式，对学生来说，有利于残疾人融入社会、健康成长，有利于解决他们的特殊问题和个性化发展需要，有利于学生之间互相交流和学习；对学校而言，有利于培养自己的系风和学风。滨医人创出的依托普通高等学校发展残疾人高等教育的模式顺应了世界残疾人高等教育"一体化"和"回归主流"的发展趋势，适合我国高校办学条件的实际情况和社会文化特点，被专家称为"滨州医学院模式"，这一模式成为我国残疾人高等教育的主导模式，我国随后创办的10所特教院系，都是采取依托普通高校的办学模式，可谓：铁肩担道义，众志成城辟出特色路；丹心育奇葩，一枝独秀唤来满园春。

二、教育与康复相结合 把教育过程和残疾人的康复过程结合起来，实现康复与教育的互动融合。学校重视残疾学生肢体和功能康复，对每一个学生进行查体，制定康复方案，利用附属医院的优势，先后为百余名肢体残疾的学生实行了矫形手术；开发残疾人适宜的体育项目，使他们的形体和技能都得到了较大改善，积极开发残疾人体育潜能，在历届山东省残疾人运动会上获得金牌四十多块，获得山东省残疾人体育先进单位；针对残疾人学生的心理问题和普遍的心理教育要求，创办之初，就开展心理调查研究和健康教育活动，在国内高校较早地建起了心理健康教育咨询机构，开发残疾大学生的心理资源、提高心理素质和塑造健全人格。近几年，结合承担的教育部全国教育科学"十五"规划课题"残疾人大学生心理特点和健康教育研究"，以开展心理健康教育周、名家讲座、团体辅导、个别咨询、行为训练等多种方式进行系统的干预，结合学生成长不同阶段的实际问题和思想问题有针对性地开展心理教育活动，取得显著成效，项目获得了"山东省高校思想政治工作创新奖"。创造条件引导学生参加社会实践和校园文化活动，以助残日活动、暑期社会实践、盲聋校助教、勤工助学等形式，促进学生在丰富多彩的社会活动中提高综合素质和社会适应能力。肢体、心理、社会综合康复的实质就是全面实施素质教育，为学生的健康成长和全面发展铺就一条成功道路，成为残疾人教育的一条重要规律和实践经验。

三、科学精神和人文情怀的契合 坚持"立人为本、以德为先"的育人理念，探索形成以培养有科学精神、人文情怀和社会责任感的高素质人才为目的，以"仁、智、诚、勇、信"为纲目，以"三个转化——劣势转化为优势、压力转化为动力、心理资源转化为文化内涵"为主要机制的德育模式，取得显著成效果。学校倡导和践行人道主义，营造扶残助残的育人环境，时时处处体现对残疾人大学生的尊重和关心；注重培育优良学风、校风和系风，以了解校史、系史为载体，进行爱党、爱国、爱社会主义教育，激发学生珍视关怀、感恩生命；以"全国三好学生"任乐等优秀学生为典型，以张海迪和校友韩芳等杰出残疾人为榜样，引导学生做自立自强的优秀大学生;请优秀校友回校交流,使学生感受时代精神、传承滨医优良传统;编辑出版反映残疾人大学生成长和残疾人医学教育创办历程的纪实作品《飞吧,鸽子》一书,作为引导全体学生自我教育、深入思考的教材;重视人文素质和科学理性精神培养,引导学生正确对待自身残疾,自尊、自信、自立、自强,教育学生学会面对挫折与偏见,学会理性和宽容,培养学生的参与意识、竞争精神和建设态度,为学生以平等的身份参与社会生活奠定基础,为学生树立科学、积极、健康的人生态度奠定基础。残疾人学生徜徉于学校营造的和谐、文明的精神家园,感受到的是春风般的精神关怀,获得是细雨般的文化滋润,增加的是蓬勃的生命力,在科学理性和人文价值基础上,残疾人教育生长成为一支具有"诚毅自强、乐观进取"独特品格的奇葩,学校成为残疾人大学生的"再生之地"。

四、专业素质与综合素质、全面发展与个性发展的整合 学校注重因材施教,在整个教学过程中鼓励和支持学生个性化发展,突出实践能力和创新能力的培养,要求学生"一专多能",强化外语和计算机的学习,突出社会实践。近几年,有90%以上的学生学获得国家计算机二级以上证书,一部分学有所长的同学脱颖而出,李先涛同学获得全国大学英语竞赛一等奖,徐辉勇同学发明的多功能拐杖获得"山东省大学生挑战杯科技发明大赛特等奖",刘依华同学考取清华大学计算机专业的研究生,侯海峰、陶信东同学连续两年成为浙江大学医学类考取研究生的成绩第一名。在实践教学环节,安排学生到条件最好的医院见习、实习,为残疾人学生提供优质教育资源,并结合身心特点、就业方向的不同需要,制定每一个学生的学习计划,在保证掌握临床医学基本知识、基本技能的前提下，突出某些临床学科的强化训练。学校十分重视残疾人大学生的就业问题，在培养目标上和内容上注意扬长避短，提高学生的适应能力和竞争能力，残疾人大学毕业生就业率达到95%以上。

五、建立完善的残疾人高等教育综合支持系统 一是社会的关注、领导的关心和关怀，为残疾人教育发展和残疾人大学生健康成长营造更好的社会环境和提供更多的社会资源。二是建立残疾人大学生助学体系和激励机制，学校为残疾人大学生提供了良好的学习生活条件，充分体现了党、政府、学校和社会的特殊关怀，学校克服经费困难，为他们建起了专用的微机房、浴室、洗衣房和康复活动室；学校积极争取社会各界的支持，1995年设立了残疾人大学生康复基金，已资助上百名学生进行康复矫形手术；2002年设立了残疾人大学生助学基金，已累计发放15万元；2005年又设立了文杰自强奖学金和胜泰助学金，对新形势下如何帮助和教育困难学生进行了有益的探索，取得显著成效。三是建立知识支持系统，学校重视办学经验的系统总结，注重以教育规律指导工作创新。近几年，学校以残疾人事业发展的实际问题为研究重点，先后完成国家社科基金课题"残疾人就业问题研究"，山东省社科规划重点课题"我国残疾人高等教育问题研究"、"残疾人大学生心理特点研究"以及教育部、山东省教育厅多项研究，取得了丰硕的研究成果，先后获得山东省社会科学优秀成果二等奖一项、三等奖一项，研究工作对学校实际工作和残疾人事业的发展发挥了积极的作用，其中关于残疾人就业问题的主要成果被国家《残疾人就业条例》起草工作采纳；学校形成了工作创新与学术研究互动的工作格局和机制,促使管理队伍走上专业化的道路。

二十多年来,广大残疾人大学生自强不息、奋发成才,先后有来自全国15个省市的700余名残疾人大学生顺利完成学业,成为医疗、科研等领域的骨干力量,他们不论在国际医学研究的前沿,还是在基层医疗服务的第一线,都敬业乐群,深受欢迎,每一个学生都成为弘扬博爱精神的种子、传播文明理念的种子、促进社会和谐的种子。他们中有152人考取研究生,81人加入中国共产党,2人参加志愿服务西部计划,76人受到省级以上奖励,还涌现了"全国三好学生"任乐、"山东省十大优秀学生"(包括提名奖)殷兆方、李先涛(两次提名)、张博、钱宗森、李香营等一批优秀同学;毕业生中涌现出"全国自强模范"韩芳、"全国五一劳动奖章获得者"曾吾德等杰出校友,被有关专家称为"滨医现象"。滨州医学院的残疾人高等教育,由于办学特色鲜明、质量优异而广受赞誉。学校先后被中宣部等八部委授予"全国扶残助残先进集体"称号,"山东省残疾人体育先进单位"等称号,医学二系党支部被山东省委表彰为"先进基层党组织"。

事实证明,滨医的残疾人医学教育为残疾人开辟了一条成才、成人、成功的宽广道路,保障和实现了他们平等的教育权利,促进了他们的健康成长和全面发展,给了他们做人的尊严和创造共享社会文明的能力,可以说,教育改变了残疾人的命运,解放了残疾人一家,影响了社会一片,如同87级校友北京大学教授韩芳所说,"是滨医给了我们一切",席思川所说,"滨医是心中永远的丰碑"。以这个特殊的教育对象为载体,滨医对医学教育模式的转变作出了积极探索,为推进大学生素质教育创造了成功经验,实现了医学教育、残疾人教育和生命教育的深度融合，这种探索和创造积极顺应了世界残疾人教育发展的主流、高等教育的改革发展大势和医学教育的重要转型，其所蕴含的丰富理念和探索精神具有深远的意义。残疾人高等医学教育是历史的产物，随着社会文明进步，随着高等教育的开放和多样化，残疾人将有更多的选择，残疾人高等医学教育可能随着医学教育形式的变化而面临新的挑战，乃至完成其历史使命，但是，它倡导和实践的以人为本的育人理念，它探索和形成的规律性认识，将永远融入我国残疾人高等教育的发展历程中。

努力探索和构建适合残疾大学生特点的思想政治教育模式

残疾人高等教育是社会文明的重要标志。改革开放以来,我国的残疾人高等教育随着教育事业和残疾人事业的发展,取得了显著成就,初步形成了有中国特色的残疾人高等教育体系,残疾人大学生作为我国高等教育中的特殊群体,他们的健康成长问题也逐步引起社会的关注。促进残疾大学生全面健康发展,对于实现他们的平等教育权利和发展权利,体现社会关怀,弘扬人道主义和自强不息的民族精神,构建和谐文明校园,有十分重要的意义。目前,在各类高校就读的残疾人大学生有两万多人,他们人数虽然仅为全国高校在校生的千分之一,但他们是六千万残疾人中的凤毛麟角,社会不仅不能因为人数少而忽视他们,而且更应该予以特殊关注和关怀,因为他们的发展状况体现着我们社会的文明和公正。残疾人大学生同样是党和国家的宝贵人才资源,在他们身上,同样寄托着国家的未来和民族的希望。每一个残疾人大学生和其他学生一样,有同样的价值和尊严,都希望得到最适宜的教育和最优化的发展。思想道德素质不仅是人的核心素质,而且也是人才的核心竞争力。残疾大学生要成为全面发展的高素质人才,必须以德为本。思想政治道德教育有为残疾大学生的健康发展提供价值导向、方法指导和持久动力,在残疾人高等教育全部工作中居于全局性、基础性、先导性地位。

残疾大学生在总体上看,积极向上,渴望成才,他们为了实现理想自强不息,坚韧不拔,展现了新时期大学生的精神风貌。我们必须看到,残疾大学生在成长过程中面临着更多的压力和困难,这不能不给他们心理面貌以深刻的影响,呈现某些群体特征,有些残疾大学生中还有一些突出的问题:在日趋激烈的社会竞争压力面前,信心不足,有悲观情绪和退缩表现;在社会不公正面前,信仰和信念趋于淡化;在社会排斥和偏见面前,不够理性,易偏激。这些问题严重影响学生成为社会生活的积极建设者,我们必须高度重视,切实解决好。

一、以立人为本,构建和谐的教育关系

加强和改进残疾人大学生思想政治教育,必须以科学的理论为指导,在把握残疾大学生特点和成长规律基础上,满足学生的成长需要,发挥学生的心理资源优势,抓住发展中的主要矛盾和突出问题,充分发挥思想政治教育关心人、尊重人、理解人、规范人、解放人、发展人、成就人的作用。

残疾人大学生德育的根本目的在于培养学生的理性能力和人文关怀,使学生获得积极的人生态度、科学的思维方式、丰富的精神生活,为其全面发展和健康成长奠定价值和思想基础,简言之,就是立人——树立人的尊严和人格理想,为成为顶天立地的大写的人奠定坚实的情感基础,为激励残疾人大学生以平等的姿态参与社会生活开掘深厚的精神资源。

教育关系是形成全部工作有效性的基础,是教育的条件,也是教育的资源和动力。"亲其师,信其道"。建立教育关系要靠真情实感、真心实意、真知灼见、真做实干,信任是关键,真诚是根本。要给学生以深情的生命关怀、深厚的人文关怀和深远的社会关怀,以宽广的胸怀接纳残疾学生,要有仁爱之心、慈悲情怀,从内心里爱每一个学生,关怀每一个学生,一切为学生着想,为学生的长远着想,尊重学生的差异、理解学生的需要、珍视学生的个性、欣赏学生的成长、宽容学生的缺点,和学生形成心心相印、息息相通的亲密关系,要捧出一颗心来,建立坦诚开放、善意真诚、双向互动、尊重信任的教育关系。

思想政治工作既是科学又是艺术,具有长期性、复杂性,不付出艰辛的劳动就不可能取得显著的成效。残疾人教育更是一项艰苦的工作,它需要更多的爱心、信心、耐心和恒心,它无时无刻不考验着教育者的责任感、道德心和智慧。身教重于言教。育人者对事业、对工作、对学习、对人的态度和方式,是对学生最直接、最深刻、最有说服力的教育,因此,育人者必须修身为本,加强学习,深化研究,勇于创新,是承担崇高育人使命和道义责任的根本保障。

二、做好两个结合

一是普遍性和特殊性的结合,在把握大学生共同特点和普遍教育规律基础上,把握残疾人大学生的群体特点、个性特点和发展的特殊规律。残疾现象不仅是生理现象,而且是社会和文化现象,强调普遍性,忽视残疾大学生的特殊性和残疾现象的复杂性,工作就不可能有针对性和实效性;夸大残疾人的特殊性,当成另类,心存偏见,所有工作就将失去正确的方向,既不能把握残疾大学生的精神世界,也不可能建立信任的教育关系,工作不仅不可能把握本质、主流和大势,而且必然阻碍残疾人大学生更好地融入社会,健康成长。其实,残疾人大学生的心与其他学生是相同的,更是相通的,残疾只是他们的身体特征,只是由于社会排斥和偏见造成的环境变化,给他们带来了一些负面心理效应,这些影响既然是社会给予的,社会就应该给予他们更多的社会关怀,接纳他们并帮助他们调整心态。

二是长善和救失的结合。残疾人大学生的成长既要长善,即发挥他们的长处、发展他们的优势,又要克服自身的缺点,使两者相得益彰、相互促进。长善是主要的方面,要以积极的眼光看待大学生,发挥学生的积极力量,获得积极品质。

三、实现三个转化

把自卑转化为追求超越的力量。残疾人大学生普遍有曲折的成长经历，有适应复杂社会环境的竞争压力，心理问题更突出、更普遍、更集中，他们有更强烈的提高心理素质和健康水平的要求。他们自卑严重，渴望得到尊重和自立，两者的张力使之心理冲突和焦虑比较严重。他们在成长过程中积存了大量的消极情绪和痛苦经历，压抑了许多愿望和需要，一些学生在社会生活中塑造了一种退缩、封闭和呆板的行为方式和生活风格，同时在适应环境中也积蓄了大量的心理资源和潜能。残疾人大学生的心理问题表现在学习、就业压力、交往和社会适应方面，核心问题是由于自身残疾和社会的消极影响，形成了自卑、自怨、自弃的消极自我。

自我意识和自我形象影响人对人生的基本信念和态度，同时也影响他对世界的看法和他的行为，有消极自我形象的人，行为封闭、退缩，社会责任感和自我效能感都很低，创造性潜能得不到发挥。如何对待残疾人的自卑心理？心理学家阿德勒的个体心理学为我们提供了理论参考。阿德勒认为人由于对自身、社会和生活的种种不完满和不理想而产生了自卑感，它刺激人寻求超越之道，在这个过程中人的潜能和创造力迸发出来，全部人类文化的动力都建立在超越自卑感之上。阿德勒认为重要的不是生来具有什么，而是你如何运用你的资质，人既不要被自卑压倒，又不要激起强烈的反抗心理。这一理论启发我们对残疾学生的自卑感，既不能压抑，也不能无视，而要探索其转化为追求超越的内在机制。

把经历转化为成长的心理资源，丰富人生体验，深化人生意义，把残疾学生的丰富经历转化为挖掘人生意义的心理资源，把沉重的压力转化为发展的不竭动力，把压力转化为积极的行动策略，把缺陷劣势转化为发展的优势。

四、把握四个重点

重点加强理想信念教育、爱国主义教育、基础文明素质教育和心理健康教育。

针对残疾学生的心理特点，因势利导，长善救失，通过心理教育、训练、咨询、治疗等全面系统的心理干预，促进残疾学生的发展。

通过心理学知识的学习，提高残疾学生的自我理解和调节能力。以学习阿德勒、马斯洛等人本主义心理学为重点，激发他们的人格理想。学习心理学知识要注重以理化情，即用心理学理论解读自己的生命体验，释放压抑的情绪，思考"自己何以如此"；因理生情，即把心理学理论内化为自己的经验，思考"理想的人格应如何"；以理导行，即用心理学理论和方法指导自我调节和行为，努力去实现理想的自己。通过心理训练包括自信心训练，共情和人际交往技能训练，创新思维的开发训练，提高自我调控能力和适应能力。

五、发挥五个作用

要发挥科学理论的指导作用和人文价值的奠基作用，用理性的光芒照耀成长道路，用人文精神哺育健全心灵，实现学生的健康发展，必须有科学的理论指导和深厚的人文底蕴。

通过学习马克思主义、毛泽东思想、邓小平理论和科学发展观，学会用积极的态度面对一切，用辩证的眼光看待一切，用有效的行动改变一切。领会"发展是硬道理"的深意，认识只有超越自我才能实现自我的大道理。通过人文知识，特别是传统哲学的学习，领会自强不息、厚德载物的民族精神，体验顺其自然的生存智慧。引导学生正确对待自卑情绪，既不能压抑，也不能否认，要转化为超越的力量；面对压力，不能无动于衷，也不能手足无措，要从容应对，积极行动；面对缺陷，不怨天尤人，不自怨自艾，要顺其自然，为所当为；面对偏见，不激愤，不自弃，要坦然面对。在科学理性和人文价值之上，引导学生们思考和真诚构筑起自己的精神世界，为心理健康成长奠定了牢固的基础。

要发挥环境的陶冶作用，用高品位的育人环境潜移默化影响学生。生活世界塑造着人的行为方式和风格，教育和学习过程对学生心理产生内在的本源性影响。自我意识是在与环境的互动中形成的，消极的自我源于社会环境对人的消极对待方式和个体的消极应对方式。改变消极自我应首先从营造积极的环境入手，通过形成积极的应对方式生成。学校心理教育要考虑整个教育模式和教育环境的基础作用，充分发挥环境和教育过程的塑造、陶冶、暗示和强化作用，为残疾人心理健康成长营造育人环境。

培养自爱、自尊和自信的人，必须营造尊重人、信任人、关心人的教育环境。因为，从根本上说，只有受到尊重，个体才能学会自尊；只有被爱，爱心才能成长；只有得到信任，自信才能发展。要把关爱作为全部工作的基础，充分尊重学生的需要，为残疾大学生的全面发展和健康成长,创造适宜的环境和条件。要着力突出办学特色,提高培养质量,满足学生学习和发展的需要。根据社会发展的需要和残疾人特点,完善"区域一体化"残疾人教育模式,使学生更多地融入到社会生活和健全群体中;实施"一专多能"的培养思路,突出外语和计算机教育,实施个别化培养方案,提高学生的社会竞争能力;建立残疾人大学生的助学体系和激励机制,解决学生的实际困难,切实减轻学生的生活压力,激励学生勇于克服困难,追求卓越,超越自我。

倡导尊重和理解残疾人的人文环境,弘扬人道主义,发扬残疾人自强不息的精神,营造欢迎和接纳残疾人的社会环境,使残疾人大学生自如地融入到每一个地方。在这样的环境中,残疾学生能够自然而然地抬起头,在成才路上昂然前行。要用为学生所做的这一切,构建师生之间的真诚关系,唤醒和激发学生的生命尊严,提高学生的凝聚力和归属感,增强学生的主体意识。

要发挥榜样的激励作用,用可亲、可信、可爱、可学的典型的人性光辉唤醒学生的人格理想,"重要他人"在人的社会学习中有重要的作用。把学习榜样作为铸魂工程的重要环节,用他们的成长经历,激励残疾学生树立正确的人生坐标,科学地对待自身残疾。既要深入开展学习张海迪等杰出人士活动,又要重视发现和培养学生身边的典型,以身边榜样的带动作用,引导学生学会真诚面对自己,勇敢面对命运,清醒面对现实,乐观面对生活。

要发挥学生主体的建构作用,用自强不息的精神推动自我思想境界的提升。

要发挥实践的生成作用,用丰富的活动空间和土壤滋养学生和谐发展。

人格的改变只能通过行为的积累和习惯的内化逐步实现,靠灌输不可能有真正的教育,更不可能生成新的品格。教育环境的改变,精神价值的引导作用,心理的自我调整,最终都要体现在积极的行为和方式的改变上。由于社会偏见和歧视,残疾人的生活空间相对狭小,在一定程度上导致残疾学生社会化程度和社会适应能力较低。这形成了社会对残疾人的一些刻板印象,也加重了残疾人的消极的自我形象。残疾学生只有投身生活的洪流,才能实现社会康复;只有在社会生活中才能树立新的社会形象,塑造新的自我形象,在行为中生成新的人格,实现知、情、意、行的和谐发展。鼓励学生积极参加校内外的文体和社会活动,为学生精心设计一系列富有心理效应的活动,例如设计富有心理健康作用的体育活动,有益身心的诗文诵读、歌唱活动等。重视引导学生日常学习、交往行为的改变,帮助学生进行有效的学习,积极的交往,乐观的生活,成为社会生活的积极建设者,社会竞争与合作的勇敢参与者,学生勇敢地从单一、封闭的自我世界走向宽广的社会后,社会责任感和参与意识明显增强。我们注重在活动中树立学生的社会形象,引导学生感受和发现新的自我:文体活动中,感受乐观向上、敢于竞争的形象;社会实践活动中,感受自信的积极建设者形象;外事活动中,塑造残疾学生不卑不亢、自豪开放的形象;宣传报道中,感受和塑造自强形象。在丰富的社会实践中,学生的现实自我与理想自我、社会自我与自我形象逐步同一,在适应社会过程中,实现从"旧我"到"新我"的不断超越。

残疾人大学生心理教育模式的构建与实践

目前,我国大学生的心理教育正处在一个重要的发展时期,它面临着教育模式的构建和创新的课题。我国有6000万残疾人,随着高等教育大众化的实现,各类残疾人大学生会快速增加。如何满足残疾人大学生的心理教育需要,把残疾人培养成为高素质人才是高校面对的一个现实问题。对残疾人大学生的心理特点和教育,国内有一些初步的研究,尚无专题进行全面的系统研究。国外心理学界对于残疾人心理特点,如何提高他们的学习技能和适应能力,增强其独立性和充分发挥其潜能等方面都有所研究,但是残疾不仅是一个生理现象,也是一个社会和文化现象,我国残疾人大学生有自己的社会环境和文化背景,对残疾人大学生的心理教育需要进行"本土化"研究。

一、构建残疾人大学生心理教育模式

建构残疾学生的心理教育模式,必须深入研究学生的心理需要,把握其主要问题和资源。首先要根据社会心理学、人格心理学、教育心理学和缺陷心理学的有关理论,在对学生进行行为观察、深入访谈、作业分析和标准化心理测量(UPI、16PF、SCL-90等)的基础上,对掌握的总体情况和个案,进行全面分析和解读,对残疾学生的心理特点和主要问题有清晰的认识。

大学阶段是残疾学生形成世界观、人生观、价值观的重要阶段,普遍有着强烈的自我探索、定向和确定的欲望,也存在着成长的烦恼、探索的困惑、适应的挫折和选择的矛盾。残疾人大学生普遍有曲折的成长经历,有适应复杂社会环境的竞争压力,心理问题更突出、更普遍、更集中,他们有更强烈的提高心理素质和健康水平的要求。他们自卑严重,渴望得到尊重和自立,两者的张力使之心理冲突和焦虑比较严重。在他们的成长过程中积存了大量的消极情绪和痛苦经历,压抑了许多愿望和需要,一些学生在社会生活中塑造了一种退缩、封闭和呆板的行为方式和生活风格,同时在适应环境中也积蓄了大量的心理资源和潜能。残疾人大学生的心理问题表现在学习、就业压力、交往和社会适应方面,核心问题是由于自身残疾和社会的消极影响,形成了自卑、自怨、自弃的消极自我。

自我意识和自我形象影响人对人生的基本信念和态度,同时也影响他对世界的看法和他的行为,有消极自我形象的人,行为封闭、退缩,社会责任感和自我效能感都很低,创造性潜能得不到发挥。如何对待残疾人的自卑心理?心理学家阿德勒的个体心理学为我们提供了理论参考。阿德勒认为人由于对自身、社会和生活的种种不完满和不理想而产生了自卑感,它刺激人寻求超越之道,在这个过程中人的潜能和创造力迸发出来,全部人类文化的动力都建立在超越自卑感之上。阿德勒认为重要的不是生来具有什么,而是你如何运用你的资质,人既不要被自卑压倒,又不要激起强烈的反抗心理。这一理论启发我们对残疾学生的自卑感,既不能压抑,也不能无视,而要探索其转化为追求超越的内在机制,把压力转化为积极的行动策略,把残疾学生的丰富经历转化为挖掘人生意义的心理资源,把缺陷劣势转化为发展的优势。

针对残疾人大学生的主要心理问题,应把培养健康自我意识作为核心,以营造尊重人的教育环境为基础,注重教育环境和校园生活的潜在育人效应;以德育为导向,发挥科学理性和人文价值的引导作用;以自我教育为中介,综合运用教育、训练、咨询和治疗等手段,发挥系统的专业心理干预的关键作用;在活动中塑造积极的行为方式,实现生成健康人格的目的。

二、残疾人大学生心理教育的实践

(一)以人为本,营造学生健康成长的教育环境

生活世界塑造着人的行为方式和风格,教育和学习过程对学

生心理产生内在的本源性影响。自我意识是在与环境的互动中形成的,消极的自我源于社会环境对人的消极对待方式和个体的消极应对方式。改变消极自我应首先从营造积极的环境入手,通过形成积极的应对方式生成。学校心理教育要考虑从整个教育模式和教育环境的基础作用,充分发挥环境和教育过程的塑造、陶冶、暗示和强化作用,为残疾人心理健康成长营造育人环境。

培养自爱、自尊和自信的人,必须营造尊重人、信任人、关心人的教育环境。因为,从根本上说,只有受到尊重,个体才能学会自尊;只有被爱,爱心才能成长;只有得到信任,自信才能发展。要把关爱作为全部工作的基础,充分尊重学生的需要,为残疾大学生的全面发展和健康成长,创造适宜的环境和条件。要着力突出办学特色,提高培养质量,满足学生学习和发展的需要。根据社会发展的需要和残疾人特点,完善"区域一体化"残疾人教育模式,使学生更多地融入到社会生活和健全群体中;实施"一专多能"的培养思路,突出外语和计算机教育,实施个别化培养方案,提高学生的社会竞争能力;建立残疾人大学生的助学体系和激励机制,解决学生的实际困难,切实减轻学生的生活压力,激励学生勇于克服困难,追求卓越,超越自我。

倡导尊重和理解残疾人的人文环境,弘扬人道主义,发扬残疾人自强不息的精神,营造欢迎和接纳残疾人的社会环境,使残疾人大学生自如地融入到每一个地方,在这样的环境中,残疾学生能够自然而然地抬起头,在成才路上昂然前行。要用为学生所做的这一切,构建师生之间的真诚关系,唤醒和激发学生的生命尊严,提高学生的凝聚力和归属感,增强学生的主体意识。

(二)自强不息,建设自己的精神家园

残疾人大学生只有树立起坚强的精神支柱,才能培养健康的人格。实施以理性和信念教育为核心的"铸魂工程",弘扬英雄主义、乐观主义和自强不息精神,丰富学生的精神生活,提高其精神品格,使学生有所寄托、有所期待,为残疾学生的健康成长奠定牢固的思想和价值基础,实现德育和心理教育的良性互动。

实现学生的健康发展,必须有科学的理论指导和深厚的人文底蕴。通过学习马克思主义、毛泽东思想、邓小平理论和科学发展观,学会用积极的态度面对一切,用辩证的眼光看待一切,用有效的行动改变一切。领会"发展是硬道理"的深意,认识只有超越自我,才能实现自我的大道理。通过人文知识,特别是传统哲学的学习,领会自强不息、厚德载物的民族精神,体验顺其自然的生存智慧。引导学生正确对待自卑情绪,既不能压抑,也不能否认,要转化为超越的力量;面对压力,不能无动于衷,也不能手足无措,要从容应对,积极行动;面对缺陷,不怨天尤人,不自怨自艾,要顺其自然,为所当为;面对偏见,不激愤,不自弃,要坦然面对。在科学理性和人文价值之上,引导学生们用思考和真诚构筑起自己的精神世界,为心理健康成长奠定了牢固的基础。

"重要他人"在人的社会学习中有重要的作用。把学习榜样作为铸魂工程的重要环节,用他们的成长经历,激励残疾学生树立正确的人生坐标,科学地对待自身残疾。既要深入开展学习张海迪等杰出人士活动,又要重视发现和培养学生身边的典型,以身边榜样的带动作用,引导学生学会真诚面对自己,勇敢面对命运,清醒面对现实,乐观面对生活。

引导学生自我探索,形成精神自我,认同群体精神品格是铸魂工程的核心环节,其关键是选好感情切入点,找好富有精神含量的载体。滨州医学院残疾人医学系的创办和发展过程孕育了"弘毅精进"的精神,这本身就是一笔宝贵的精神财富,它是自强不息民族传统和时代精神的生动体现。学校编辑出版了反映历届优秀残疾大学生事迹的《一群特殊的大学生》一书,以此为载体,组织开展了一系列自我教育活动,使残疾人医学系精神在讨论中进一步深化,在交流中进一步提炼,在实践中进一步丰富、升华和延伸。

在科学理论的基础上,在民族传统的培育中,在时代精神引导下,同学们用思考和真诚建设起自己的精神家园,树立了天生我材必有用的自信、不信春风唤不回的坚定信念。

(三)长善救失,实施系统的心理干预

针对残疾学生的心理特点,因势利导,长善救失,通过心理教育、训练、咨询、治疗等全面系统的心理干预,促进残疾学生的发展。

通过心理学知识的学习,提高自我理解和调节能力。以学习阿德勒、马斯洛等人本主义心理学为重点,激发残疾学生的人格理想。学习心理学知识要注重以理化情,即用心理学理论解读自己的生命体验,释放压抑的情绪,思考"自己何以如此";因理生情,即把心理学理论内化为自己的经验,思考"理想的人格应如何";以理导行,即用心理学理论和方法指导自我调节和行为,努力去实现理想的自己。通过心理训练包括自信心训练,共情和人际交往技能训练,创新思维的开发训练,提高自我调控能力和适应能力。

通过咨询和治疗,提高心理健康水平。咨询和治疗主要针对

学习障碍、社交恐惧、焦虑和自卑症进行，对于心理测查发现的问题，及时干预。

丰富多样的心理教育应以心理学选修课、举办心理讲座、沙龙和兴趣小组等多种形式进行。心理教育要贯穿学习的全过程，从学生入校后进行的适应性训练，到对求职和考研学生进行心理疏导，根据学生生活轨迹变化和关注点不断深化主题。心理干预的方式照顾到不同群体的要求，因材施教，因人而异。这样的心理教育能够发挥在促进学生心理健康成长中的关键作用。学生的心理健康状况改善情况，心理素质和人格的优化，通过标准化心理测量、日常行为观察和学生自我报告都能显著地表现出来。

（四）超越自我，在实践中实现和谐发展

人的改变关键看行为方式的变化。人格的改变只能通过行为的积累和习惯的内化逐步实现，靠灌输不可能有真正的教育，更不可能生成新的品格。教育环境的改变，精神价值的引导作用，心理的自我调整，最终都要体现在积极的行为和方式的改变上。由于社会偏见和歧视，残疾人的生活空间相对狭小，在一定程度上导致残疾学生社会化程度和社会适应能力较低。这形成了社会对残疾人的一些刻板印象，也加重了残疾人的消极的自我形象。残疾学生只有投身生活的洪流，才能实现社会康复；只有在社会生活中才能树立新的社会形象，塑造新的自我形象，在行为中生成新的人格，实现知、情、意、行的和谐发展。

鼓励学生积极参加校内外的文体和社会活动，为学生精心设计一系列富有心理效应的活动，例如设计富有心理健康作用的体育活动，有益身心的诗文诵读、歌唱活动，为盲童送爱心等。重视

引导学生日常学习、交往行为的改变,帮助学生进行有效的学习,积极的交往,乐观的生活,成为社会生活的积极建设者,社会竞争与合作的勇敢参与者,学生勇敢地从单一、封闭的自我世界走向宽广的社会后,社会责任感和参与意识明显增强。我们注重在活动中树立学生的社会形象,引导学生感受和发现新的自我:文体活动中,感受乐观向上、敢于竞争的形象;社会实践活动中,感受自信的积极建设者形象;外事活动中,塑造残疾学生不卑不亢、自豪开放的形象;宣传报道中,感受和塑造自强形象。在丰富的社会实践中,学生的现实自我与理想自我、社会自我与自我形象逐步同一,在适应社会过程中,实现从"旧我"到"新我"的不断超越。

三、几点思考

以培养健康的自我意识为核心的残疾人大学生心理教育是有针对性和实效性的。滨州医学院残疾人医学系的学生普遍感到从中受益匪浅,心理面貌发生了很大变化,超越了自卑,变得更自信、自尊、自爱、自强。

以培养健康自我意识为核心的心理教育模式的主要特点和意义是:

1. 培养健康的自我意识满足了学生探索自我和寻求自我同一性的内在要求,抓住了大学阶段心理发展的主要矛盾。

2. 以超越自卑为发展的主要动力机制,体现了人的超越天性,顺应了残疾学生发展的主要动力趋向。

3. 充分发挥了环境影响的基础作用,德育的价值导向作用,心理干预的关键作用与行为塑造的生成作用,把知与行、理与情、内在与外在统一起来。

4. 理论研究和实践探索相结合,理论研究为实践提供指导,保证了研究的科学性、学术性;实践成为理论研究的源头活水,两者相辅相成,相互促进。

这一模式对进行大学生心理教育的创新,对普及各类残疾人的心理教育,对形成有中国特色的心育之道,有一定的参考意义。

(原载 2006 年 11 月《山东省青年管理干部学院学报》2006 年第 6 期)

创新活动方式,传承优良学风

学风是治学、读书、做人的风气,是校风的重要组成部分,是学校的灵魂和气质,也是学校的立校之本。学风建设是高校改革与发展的永恒主题,优良的学风是激励学生奋发向上、努力成才无形而强大的精神力量,是学校全面落实党的教育方针,提高育人质量的重要保证。医学二系一直以来十分重视学风建设,在发扬我校学风建设优良传统的前提下,更新教育观念,深化教育改革,结合实际情况开展工作,取得了一定的成绩,受到了学校的赞扬,特别是近几年来通过创新活动方式,开展一系列形式多样的活动,传承优良学风,形成了具有二系特色的学风建设体系。

一、保持优良传统

总结以往的学风建设工作,我系严格按照学校的要求,结合本系的实际情况，从根本上采取相应的措施，以教育为基础，坚持管理与养成相结合，在学风建设方面形成了一些较好的工作经验，为学风建设的开展起到了重要的作用。

（一）树立榜样带学风

榜样的力量是无穷的，学生身边的一个先进事迹对学生的影响，往往比辅导员在大会上的重复说教要有效得多。为了更好地激发广大同学的学习热情，对自己的学习充满信心，更好地掌握本专业的学习规律，我系专门组织了学习成绩优秀和考上研究生的同学为低年级学生作报告，交流学习方法和经验，充分用学生身边的榜样来教育学生，尤其是为了能够提高学生英语学习成绩，专门安排了"英语四六级学习经验交流会"，安排高年级英语学习成绩优秀的学生作报告，交流学习经验。

（二）主题班会促学风

我系每学期不定期召开主题班会加强学风建设。主题班会上，学生踊跃发言，大胆评价每门课科任老师的教学工作和学校的教育教学设施，敢于指出存在的问题。系领导认真听取学生的意见，客观分析，及时纠正一些学生的偏激看法，同时采纳了学生的好建议。通过主题班会，提高了班级的整体凝聚力和向心力，激发了学生们的学习积极性，在学生之间形成了"比、赶、超"的学习风围，促进了良好学风的形成。

（三）日常管理强学风

我系一直把狠抓纪律、卫生等作为学生管理的日常工作，为营造良好学习环境，促进学风建设创造条件。在纪律方面我们严格考勤制度，对违规行为严厉处分，基本杜绝了夜不归宿、通宵上网、严重旷课等严重违纪行为,学习气氛日趋浓厚;在卫生方面我们一方面严格检查制度和奖罚制度,另一方面开展宿舍文化建设活动和文明宿舍评选活动,并以此为契机为同学们创造良好的学习环境和生活环境,为进一步加强学风建设奠定基础。

二、创新活动方式

在发扬以往工作优良作风的基础上,积极探索新的教育途径,新的教育方法,以发展的观点创新活动方式,开展学风建设,取得了很好的效果。

(一)校友学者激励,提高学习氛围

紧紧抓住新时期残疾大学生的心理特点,特邀请了我校知名校友如获得全国五一劳动奖章的曾吾德、走上国际医学讲坛的韩芳博士等回到母校,为同学们作报告,与同学们一起交流。不仅如此,我们还邀请了全国自强残疾大学生李智华及其他著名大学教授等一大批知名人士走进滨医,走进二系,和同学们一起探讨一起学习。这一系列的报告和讲座,极大地鼓舞了同学们,使他们乐观向上,掀起了"学习榜样,发奋读书"的热潮。

(二)从入学教育抓起,树立尚学之志

从新生入学开始就着手抓学风建设,开展一系列新生教育,使他们在最短的时间内尽快地适应大学生活,促进校风、学风建设。

1. 开展校史系情教育,培养学生爱校意识。

新生入校前,曾对学校有一定了解,但要真正培养学生的爱校

意识,还应采取有效措施,以学校历史、学校传统的生动事例教育新生,培养、巩固新生的爱校意识。在开展学校历史、学校传统教育时,我们邀请了解学校发展历程的老教授向新生介绍学校的历史和传统,以老教授特有的长者风范、师德尊严、人格魅力影响和引导学生,培养学生的爱校意识。

2. 进行专业意识教育,培养学生的专业兴趣。

专业意识是大学生建立专业兴趣的基本要求,是大学生深入学习专业知识的基本动力,培养学生的专业兴趣对于促进学生的专业素质培养具有不可替代的作用。在开展专业意识教育活动时,可以邀请对于专业设置和课程设置比较熟悉的领导或教师以专题讲座、座谈会等形式向新生进行专业教育,逐步培养学生的专业思维意识和能力。

3. 组织新生开好第一次主题班会,引导新生过好第一次党、团组织生活。组织新生阅读《飞吧,鸽子》,邀请高年级优秀学生和新生座谈。组织新生深入讨论"如何做合格大学生",促使学生尽快了解合格大学生的具体标准和要求。在新生中倡导"以班为家"的思想,尽快建立健全班委会、团支部,形成具有较强班级凝聚力和向心力的班团组织。充分发挥新生的主动性、积极性和创造性,鼓励他们热心参与集体活动、自觉投入班级建设,在集体中锻造团队精神、感受团队温暖,将树立良好的学风贯穿到新生教育的始终。同时努力引导新生形成良好的学习态度和学习习惯,及时分析新生第一学期期中考试成绩,采取分层次或个别指导的方式,帮助学生找出差距、调整心态、明确努力方向。

（三）发出倡议，诚信践行

为了提高同学们的学习质量，改正日常学习生活中的陋习，养成良好的学习风气，团总支、学生会向全校发出了"对生命负责，为人生奠基"的倡议，同时在每学期的考试之前还向同学们发出"杜绝作弊，诚信考试"的倡议，这一篇篇倡议书，字里行间流露着二系学子的真情实感，对营造良好的学风、考风起了重要的作用。

（四）开展学习兴趣小组，丰富多彩生活

结合教学实际，积极开展了学习兴趣小组活动，拓宽了教学空间，因其有灵活性、实践性和开放性的特点，对促进学生在德、智、体等方面的发展起到了重要的作用，收到了良好的教育教学效果。这不仅提高学生的思想素质、文化素质，而且还极大地调动了学生的学习积极性，激发了他们的参与意识。同时开展学习兴趣小组活动正是实施"自主、合作、探究"式学习的重要途径，提高了学生团结协作的能力。

三、成绩及下一步打算

通过全系师生的共同努力，学风建设已成效显著。通过学风建设活动，我们基本上实现了"一个降低，三个提高，六个明显"的总体目标，"一个降低"即降低挂科率；"三个提高"即提高学习成绩优秀率，提高英语四六级成绩，提高考研率；"六个明显"即学生的学习积极性明显提高，旷课、迟到、早退、上网玩游戏与聊天等现象明显减少，考风考纪明显好转，学习风气明显改善，学习成绩明显

进步,综合素质明显提高。

　　学风建设不是一蹴而就的事情,目前所采取的措施只是治标工作,要形成优良学风,还有许多问题需要我们去思考和解决,学风建设的下一步需要改进的就是:加强新生教育中的专业教育介绍,创办名师讲坛,从新生入学一开始就开展各类学习兴趣小组,围绕下学期我校的评建工作开展形式多样的主题教育活动等。

(2006年8月)

建立和完善残疾人大学生
助学体系与激励机制的实践

残疾人大学生是一个特殊困难群体。为了体现党和政府以及学校的特殊关怀,滨州医学院作为在全国率先创办残疾人高等教育的高校,在建立和完善残疾人大学生助学体系与激励机制方面,进行了积极探索,取得了明显的成效,积累了有益的经验。

一、特殊的困难群体

滨州医学院残疾人大学生多数来自经济欠发达地区和城市困难家庭,家庭状况因儿女从小到大花去的巨额治疗费用而倍显窘迫,随着高校收费制度的改革,残疾人大学生交费困难的问题更加突出,对学生顺利完成学业和健康成长的负面影响也凸现出来。据调查统计,现在校的200余名残疾人大学生中,困难学生比例达到了60%以上,特困学生达20%左右,这些困难学生生活极其拮据,可利用的社会资源也缺乏。经济困难对学生健康成长产生了多方面的效应,往往导致学生社会交往能力差,心理负担重,贫富差距也给学生心理造成了极大的不平衡——这些都成为影响高校和谐稳定的潜在隐患,如何解决在校贫困残疾大学生的经济困难问题不仅成为关系到学生成长的突出问题,而且也成为关系到教育公平与校园和谐的社会问题。

二、建立完善残疾人大学生助学体系与激励机制

我校历来十分重视和关心困难残疾人大学生的学习和生活,学校认真贯彻落实国家的各项助学政策,在积极完善"减、免、补、奖、助"等常规措施的基础上,建立了面向困难残疾人大学生的助学体系,为学生的全面发展起到了良好的保障作用和激励作用。

(一)设立残疾人大学生康复基金

滨州医学院坚持教育与康复相结合的教育模式,在开展残疾人肢体、心理康复方面进行了开创性的工作。为了充分利用滨州医学院的康复条件,为使更多的残疾人大学生康复,滨州医学院在有关企业的资助下,于1994年9月设立残疾人康复基金,由残疾人康复基金理事会对该基金的使用进行管理,至今已为百余名进行康复手术的残疾人大学生资助了十余万元。

(二)设立残疾人大学生助学基金

滨州医学院于2002年在山东省残联、省民政厅和滨州市残

联、民政局的支持下,设立了"残疾人大学生助学基金",以完善助学体系,帮助困难学生,完善激励机制,奖励品学兼优的学生,引导和激励残疾大学生全面提高素质。滨州医学院残疾人大学生助学基金的设立,是建立完善助学体系的机制创新,山东电视台和《大众日报》《齐鲁晚报》进行报道,产生了良好的社会影响,进一步体现党和政府及社会各界对残疾人大学生的关爱,弘扬了自强不息精神和扶残助残风尚,对营造良好的育人环境产生积极的影响。至今,残疾人助学基金已发放五次,资助残疾人大学生总数达400余人次,总额近20万元。

(三)设立"文杰·自强奖学金"

宋文杰先生是我校79级校友,曾就职于解放军海军总医院,现就职于奥林巴斯济南销售公司,任总经理。宋文杰先生为回报社会、回报母校,弘扬人道主义和自强不息精神,于2005年11月出资30万元,在滨州医院设立奖励和资助品学兼优的残疾人大学生的奖学金,学校将其命名为"文杰·自强奖学金",以此教育学生珍视社会关怀,自立自强,做对社会有贡献的人。这是我校校友在学校设立的第一项奖学金,体现了宋文杰先生对残疾人大学生的关心和残疾人高等教育的关注支持。2006年9月,"文杰·自强奖学金"首次发放,资助滨州医学院残疾人大学生20人,总额18000元。

(四)非常规资助方式

除了以上常规的奖助基金外,学校还利用非常规的资助措施,这些措施总量不算很大,但是,体现了社会、学校和同学们对困难学生的关心,对营造相互帮助的社会环境有不可替代的作用。

1. 家长资助

陈胜泰先生是我校学生家长,出于对残疾人大学生的关爱,激励残疾人大学生发奋学习,努力成才,出资设立了"胜泰助学金"。2005年12月,基金首次发放,资助20名学生每人500元。翁丽明同学为03级学生,家庭经济情况相对宽裕,当她看到许多贫困学生应家境贫寒,生活艰苦困难,学费经四筹五借都很难交全,于是和家长商量捐助资金帮助那些生活非常困难的同学。2006年助残日期间,翁丽明家长首次捐助1500元,为难以交齐学费的3名贫困大学生资助了学费。

2. 同学资助

残疾人医学系一些获得奖励的同学,深知同学的家境贫寒,也相继拿出自己获得的奖金中的一部分资助那些生活困难学习刻苦的同学,激励其他同学刻苦学习,拼搏上进。例如,2003级学生李香营、苏文敬,因其学习成绩优秀曾获得国家奖学金等奖励,2006年助残日期间,两位同学共捐助1200元,资助了4名贫困大学生的生活费用。在滨州医学院残疾人医学系同学之间的互助已成为一种风尚。学生家长、同学之间的各项非常规措施总量虽然不大,但对于营造互帮互助的同学关系,对于平衡各种奖助措施的作用起到了不可替代的作用。

三、济困助学中应处理好的几个关系

助学工作政策性强,涉及诸多因素,是一项非常繁琐细致的工作,我们在工作中既注重抓主要矛盾,解决主要问题,又充分考虑各种因素,统筹兼顾,取得了很好的成效。

(一)经济资助与思想教育的关系

贫困对学生心理面貌乃至世界观、人生观产生深刻的影响,了解学生经济状况、评定奖助措施的程序是否公平合理,对学生也有很深的影响,同时也是对学生是否诚信的考验。因此,经济资助解决学生实际问题的过程要成为对学生进行思想教育的过程,把解决学生的实际困难与解决学生的思想问题和成长成才问题相结合,这样做往往一举两得,事半功倍;否则,可能引起新的不平衡,产生新的思想和心理问题。在工作中,我们注意做到以下几点,一要教育引导学生正确认识贫困现象与原因,避免因错误归因而导致学生的思想和行为偏激;二要教育引导学生积极面对困难,关注贫困生心理健康,避免自卑、丧失战胜困难的信心;三要处理好学生中存在的依赖、期待、心理不平衡思想,教育引导学生正确对待社会帮助,避免心理失衡,丧失对社会关怀的感恩之心;四要通过积极的思想引导,使他们树立正确的世界观、人生观、价值观,激励学生自尊、自立、自信、自强。我们深入细致的思想工作,公平合理的困难学生评定和助学金发放,得到同学们的理解、支持,许多同学在这个过程中也深受教育,一名贫困同学在来信中满怀深情地说:"有您的帮助,就会多一名贫困残疾人告别绝望;有您的关注,折翅的小鸟就会重新翱翔蓝天;我们将不辜负学校和爱心人士的殷切期望,努力学习,通过自己的奋斗改变生活,创造生活,回报国家,回报社会!"

（二）助与奖的关系

在设计助学体系的总体框架时，在服务面向上兼顾特殊困难学生和困难学生中的勤奋学习的优秀生，手段上兼顾奖与助，在效果上兼顾激励作用和托底作用。在评定过程中，以学生经济困难情况为基础，以学生生活和学习实际表现为参照，有奖有助，合理配置，发挥其最大的激励作用，即使每一位贫困生都能得到帮助，又要鼓励学生通过自己努力获取奖学金解决经济问题，而不是一味地依赖别人的救助。

（三）取与予的关系

学生交费难是高校工作中的突出问题，残疾人大学生的收费困难更大，已成为实际工作中很大的挑战。个别困难学生认为贫困生欠交学费是理所应当的，而学校给予帮助是天经地义的，不仅对自己的义务考虑得较少，而且缺乏对他人帮助应有的感激之情。因此，要处理好取与予的关系，做到以"助"促"缴"，避免助长学生的依赖感，给学费受缴工作带来新的困难。我们在工作中充分了解资助学生的真实情况，把握学生的心理变化，做好思想教育工作，缴费和助学互动双赢，学费收缴过程成为对学生进行诚信教育和感恩教育的契机。

四、对进一步完善残疾人大学生资助体系的思考

贫困生现象是一个复杂的社会现象，是由多方面原因引起的，如何解决他们的实际困难，如何引导这一群体正确对待挫折和面

对困难，已成为高校学生工作中以必须重视的问题，因此必须有系统的对策，建立完善助学体系与激励机制就显得格外重要。

（一）必须建立以政府为主导的多元化的全面资助体系，从根本上解决残疾贫困生的经济困难。目前，在残疾人大学生群体的资助体系中，国家实施的助学政策发挥了基础性作用，社会各界的特殊关怀提供了一个有力的支持，学校积极争取社会资金创造性地建立和完善助学的体系发挥了关键作用。实践表明，这种依靠学校为主体的残疾人助学体系成效明显，但不能完全解决残疾学生的问题，因而建立政府专项资助基金，建立资助长效机制，才能从根本上解决日益突出的贫困生问题，管理者、教育者才能从繁重的助学和缴费工作解放出来，把更多的精力更好地用在教育学生上。

（二）必须营造有利于学生成长的校园文化和社会氛围，教育引导学生诚实守信，自立自强，把社会、学校的关怀转化为激发自己成长、成材的动力。今后要在现有的工作基础上，把资助工作做得更深、更细、更有实效，要把资助工作与学生的健康成长及学业发展更好地结合，把资助工作与纳入学生的教育工作总体。

（三）必须建立更完善的学生家庭情况调查和学生信用系统，确保真实可靠公平合理地分配社会资源，使之发挥最大效益。

（原载《中国残疾人》2006年第11期）

坚持科学发展观，实现残疾人高等教育新跨越

改革开放以来，我国的残疾人高等教育在党和政府的关心支持下，取得了明显的进步，满足了众多残疾青年求学成才的需要，保障了他们的平等教育权利，为他们融入社会，共享和创造文明成果创造了必要条件。在全面建设小康社会、构建社会主义和谐社会和实施科教兴国战略的新时期，残疾人高等教育面临着发展的历史性机遇和挑战。促进残疾人高等教育又快又好发展，实现残疾人高等教育的新跨越，必须坚持科学发展观。在此背景下，作为我国残疾人高等教育开创者的滨州医学院，其残疾人高等教育面临实现新突破的发展课题。

一、滨州医学院残疾人高等教育的成功实践和主要经验

1985年，滨州医学院在国家有关部门和省政府的支持下，创

办了我国第一个专门招收残疾人的大学本科专业——残疾人临床医学系。二十年来,学校坚持以人为本的办学理念,把残疾人教育作为一项崇高的事业来做,高举人道主义旗帜,坚持社会主义办学方向,坚持以质量求生存、以特色求发展的残疾人高等教育办学思路,努力探索适合中国国情、满足残疾人需要的残健融合、教育与康复相结合的残疾人高等教育模式,为残疾青年开辟了成长、成人、成才、成功的道路,创造和积累了许多有益经验,为我国残疾人高等教育的发展作出了积极贡献。

残疾人高等教育的成功实践对学校的发展产生了积极作用,在科学发展观的理论视野下,审视其发展历程,对它的意义我们有更深层的理解。

1. 残疾人高等教育的创办,在国内外产生了广泛的社会影响。创办之初,新华社就向80多个国家和地区进行报道,二十年来,累计国内外各类媒体的专题报道达上百次,提高了学校的社会知名度。残疾人高等教育作为保障人权、体现人文关怀的崇高事业树立了滨医社会主义大学的美好形象。

2. 残疾人高等教育得到了中国残联、民政部、卫生部、山东省政府和社会各界的关心支持,为学校发展赢得了更多的社会资源。作为一个国际交流的特殊平台和渠道,拓展了滨医国际交流的空间。这一切为学校发展赢得了一些新的机遇。

3. 学校倡导和实践人道主义,师生尊重、理解、关心残疾人,为残疾大学生健康成长创造了良好条件。在学校的关心鼓励下,残疾人大学生自强不息、乐观进取。这为建设充满人文情怀的校园文化提供了独特资源。

4.残疾人教育作为滨州医学院的办学特色,体现了滨医以人为本、以社会需要为导向的办学理念和发展理念,创办和发展过程中孕育和体现的敢为人先、锐意进取、艰辛开拓的精神,已融入滨医大学文化的深厚积淀中。

不仅如此,它对我国残疾人高等教育乃至残疾人事业发展也产生了积极作用。

1.残疾人高等教育是一项新事业,她的创办已成为我国改革开放以来残疾人事业发展成就的标志性事件之一;滨医摸索出残健融合的办学路子,对推动全国残疾人高等教育的发展产生了深远影响,这一模式被专家称为具有国际意义的滨州医学院模式。回顾和总结我国残疾人高等教育发展历史,人们总是先提到它,它已融入我国残疾人高等教育发展的历史中。

2.滨州医学院残疾人高等教育是在学校积极争取、中国残联有力推动和政府支持下发展起来的,学校、残联、政府互动协调机制成为我国残疾人高等教育的普遍运作机制。

3.滨州医学院的残疾人高等教育实践为现代文明社会残疾人观的形成和提出创造了生动的经验。创办之初,学校就认为:残疾人和健全人一样有接受高等教育的需要和权利,社会应该维护他们的平等权利,给予他们特殊的关怀;残疾人身上同样潜在有智力资源和精神资源,通过接受教育,他们同样可以成为社会主义物质文明和精神文明的创造者。这是现代文明社会残疾人观的基本观点。

回顾残疾人医学教育创办和发展的历程,给我们以深刻的启示:办教育就要以人为本,兼容并包,有教无类;谋发展就要科学规划,独辟蹊径,敢为人先;干事业就要矢志不渝,锲而不舍,众志成城。总之,发展残疾人教育,要求我们既要有政治家的责任和智慧,又要有教育家的情怀和抱负。

二、我国残疾人高等教育发展的现状和问题

科学发展观指导我们正确分析残疾人高等教育发展的现状和问题,从而为我校残疾人高等教育科学定位提供理性参照,帮助我们进行准确定位,这是明确发展方向和思路的前提条件。我们既要内在定位——办学特色定位,又要外部定位——优势定为;既要进行历史定位,更要进行发展定位。

总起来看,我国的残疾人特殊高等教育院系依托普通高等教育,设置适合残疾人特点的专业,实施一体化教育,教学质量不断提高,走出了一条适合国情特点、符合世界残疾人教育一体化发展方向的办学路子。

1. 学院(系、专业)数量和在校生人数已经形成了一定的规模,据统计,2005年全国14所院校设置了特殊教育专业并招收各类残疾人大学生达4000名以上;目前,残疾人大学生在校生已达万名以上。

2. 在办学形式上,形成了适合我国国情的办学模式,包括:(1)普通高等学校建立特殊教育学院或开设系和专业,采取单独考试单独录取的方式,主要专门招收盲、聋和肢体残疾青年学习各种专业;(2)普通高等学校招收残疾青年(其中大部分是肢体残疾和轻度的盲、聋青年),与健全学生共同进行专业学习(随班就读);

（3）一些独立设置的残疾人中等职业学校采取与成人高校合作办学的方式，举办一些专业的大专班招收残疾青年；(4)通过自学考试、电视大学（或者网络学院）等渠道对残疾人实施高等专业教育。

3. 在教育教学上积累了一定的方法和经验，具有了自己的特点。

尽管我国的残疾人高等教育呈蓬勃发展之势，但是仍处于起步阶段，总体发展仍然严重滞后且极不平衡，存在诸多问题。

1. 从发展的规模上看，高等特殊教育的规模（学校数量和在校生人数）与高等教育的整体发展和残疾人的需求相比较，还有很大的差距，特别是西部地区的高等特殊教育刚刚开始起步。

2. 从专业设置看，面向盲人的专业，目前招生人数较多的仅限于针灸推拿（专科是中医按摩）、钢琴调律专业、心理学专业；面向聋人的专业选择范围同样很窄，还比较传统、单一。

3. 从办学层次看，大部分院校还处在本、专科教育的层次，办学层次不高。

4. 从管理体制上看，高等特殊教育整体的规划和学科专业建设发展缺乏教育主管部门的政策导向和统一的宏观指导与管理。

我国有6000万残疾人，占人口总数的近20%，接受高等教育的仅是其中的极少数。我国的残疾人高等教育尚处于起步阶段，规模很小、结构单一、办学条件不完善，发展仍然严重滞后。"九五"期间是我国高等教育快速发展的时期，高等教育大众化特征已逐步显现。2001年，全国高校招生245万，同龄青年入学率达到13%，但是，残疾人被录取到普通高校和高等特殊教育院校的仅为2751人，残疾青年入学率不及健全人的1/40，残疾人接受高等教育的机会还很少,残疾人高等教育与高等教育总体发展极不均衡,在许多方面还存在明显的歧视。残疾人教育状况不能满足广大残疾人生存和发展的需要,不适应我国经济和社会发展的客观要求。

在发达国家,政府通过制定特殊保护法律和政策,保障残疾人接受高等教育的权利,特殊高等教育基本实现了与普通高等教育的均衡发展。例如,美国残疾人高等教育入学率已达46%,法国有残疾人大学生10万之巨。在智利这样的发展中国家,残疾人中接受高等教育的已达到5.3%,这个比例虽然只是健全人的1/3,但是在实现残疾人平等教育权上已是显著的进步。显然,我国残疾人高等教育要实现与高等教育的均衡发展,任重而道远。

我校的现实情况是,残疾人高等教育的规模缩小,专业、办学层次和形式单一。面对我国残疾人高等教育加快发展的形势,我校在全国残疾人高等教育领域的优势地位和影响力正在丧失。如果不采取有力措施实现残疾类别和专业上的突破,其存在将面临严重危险。

那么,面对全国残疾人高等教育发展的机遇,面对学校自身发展的挑战和任务,我们作为这项崇高事业的开拓者该如何认识自己的责任?我们还能否继续保持在全国残疾人高等教育领域的优势?在建设高水平医科大学的进程中它的意义何在?

三、以科学发展观为指导,实现新的突破和跨越

发展的前提是正确认识其意义。认识有多高,思路就有多宽。

马克思指出:"教育是'人类发展的正常条件'和每一个公民的'真正利益'。"对残疾人来说,教育是残疾人生活与生命的源泉,自立的根基,实现发展与解放的必由之路。残疾人同样有人的价值和尊严,残疾人能以他们适应的方式学习和接受教育,绝大多数通过特殊教育在许多方面可以达到健全人的发展水平。残疾是人类发展不可避免要付出的代价,对残疾人教育提供补偿,是政府和社会的责任,为残疾人接受高等教育创造平等的机会和提供特殊扶助,是政府维护社会公平、合理开发残疾人智力资源必须承担的庄严使命。残疾人的受教育水平已成为社会文明和教育发展水平的重要标志,残疾人高等教育状况是教育结构合理性和均衡发展的重要指标。残疾人高等教育的发展生动地说明,提高残疾人教育水平对于提高残疾人素质、提高残疾人参与生活的能力和生命质量有决定性的作用,发展残疾人高等教育对于残疾人、社会、高校都有重要的意义——滨州医学院残疾人高等教育实践充分说明了这一点。

发展残疾人高等教育是落实以人为本的科学发展观、实践"三个代表"重要思想的必然要求,是维护教育公平、保护弱势群体受教育权利的内在要求,是促进教育均衡发展的现实要求,是构建和谐社会的客观要求。社会主义大学应该从这个高度认识其责任。对我校而言,发展残疾人高等教育有着更为特殊的意义:有利于进一步凸显办学特色,实现医学教育、残疾人教育、生命教育的深度融合;有利于保持在全国残疾人高等教育领域的优势地位,进一步扩大影响,为建设高水平知名医科大学发挥独特作用;有利于发挥学校在推动残疾人教育和残疾人事业发展,推动社会文明进步等方面的先导作用。

推动残疾人高等教育又快又好的发展,必须以科学发展观为指导,明确发展的目标、思路、任务和措施:要把握残疾人高等教育面临的机遇,实现促进残疾人高等教育的加快发展;要处理好发展速度、教育质量、办学效益之间的关系,引领残疾人高等教育走健康和谐发展之路;要以教育理念创新为先导、以办学体制创新为保障、以人才培养模式创新为基础,推进残疾人高等教育的可持续、跨越式发展。

2005年,滨州医学院举行了残疾人高等教育创办20周年庆祝活动。大会以回顾历史、总结经验、开创未来为主题,中国残联、教育部、山东省高校工委、省残联及国内外友校都有代表参加了大会,隆重热烈,取得了圆满成功。残疾人高等教育彰显了学校办学理念,扩大了社会影响,树立了道义形象的独特价值和魅力,也从另一个侧面体现了社会对残疾人高等教育发展的关注和期盼。学校认真总结庆祝活动的成果,进一步提高了对残疾人高等教育的认识,坚定了继续保持优势地位的信心。"十一五"期间,学校要把残疾人高等教育作为办学特色重点发展,围绕学校建设高水平医科大学的目标,面向残疾人教育需要和残疾人事业发展的需要,发挥我校医学教育资源的比较优势,拓展专业领域和残疾人类别,扩大办学规模,提高办学层次和教育质量,完善残健融合的办学模式,进一步突出办学特色和增强办学活力,创造在全国残疾人高等教育领域的新优势:

1. 根据我校的学科特点和比较优势,优先发展针灸推拿专业(盲人高等教育)。

2. 适应现代社会和老龄社会的发展要求,积极发展康复医学。

3. 继续深化教育教学改革,完善素质教育体系,加强残疾人临床医学专业,积极拓展肢残人适宜专业。

4. 进一步完善助学体系,优化办学条件和育人环境。

5. 探索建立更有活力的办学机制,充分论证和规划建设"中国残联残疾人高等医学教育示范基地",利用烟台校区的办学空间,建设高标准的教学生活设施,搭建残疾人高等教育国际交流平台。

6. 积极探索实践,深化残疾人高等教育和残疾人事业发展理论研究。加强残疾人事业的理论研究,推动观念创新,为完善国家残疾人教育政策提出建议。

20年前,学校主动承担社会责任,把握发展先机,开创了残疾人高等教育的先河;如今,我们又面临着实现新突破的机遇与挑战。站在新的历史起点,我们必须以科学发展观为指导,继续高举人道主义的旗帜,抢抓机遇,求实创新,勇敢地承担起推动我国残疾人高等教育实现新跨越的历史责任。

(2005年12月)

如何理解本科教学评估中的"办学特色"

在普通高等学校本科教学工作水平评估方案和指标体系中，设立了一个特色项目，规定评估结论为优秀的学校必须特色鲜明，良好的学校必须有特色项目。

这一举措对推动学校总结与构建办学特色、推进高等教育的改革发展具有重大而深远的意义。那么，我们应该如何理解本科教学评估中的"办学特色"？我认为，一要准确理解其内涵，二要全面理解其意义，三要深刻理解其生成规律。

一、准确理解办学特色的内涵

教育部评估方案中的"办学特色"有明确的内涵和外延，即"在长期的办学过程中积淀形成的本校特有的，优于其他学校的独特优质风貌。特色有一定的稳定性并应在社会上有一定影响，得到公认"。"学校特色可以体现在以下几个方面：总体上的治校方略、办学理念、办学思路；教育上的特色，如教育模式、人才特色；教学上的特色，如课程体系、教学方法以及解决教改中的重大问题；教学管理上的特色，如科学、先进的教学管理制度、运行机制等。"

认真解读和分析"办学特色"，我们认为，办学特色是指一所大学在发展过程中形成的比较持久稳定的发展方式和被社会公认的、独特的、优良的办学特征，有以下特质：

（一）**独特性与优质性**。办学特色是高校优于其他学校的独特品质，就是通常说的"人无我有、人有我优、人有我精"。办学特色因校而异，同类学校有多样性特点，例如同为世界一流大学，美国耶鲁大学的"教育不是为了求职，而是为了生活"的教育理念，与斯坦福大学"实用教育"理念迥然不同。以校风为例，北大提倡"兼容并包"，有民主、自由之风；清华提倡"厚德载物"，有严谨、认真之风。不同类型和层次大学的办学特色具有多元性特征，在特定范围内不完全可比，特色之间和而不同，没有水平优劣等级。

（二）**生成性与稳定性**。办学特色是高校在长期办学过程中逐步生成、不断深化、丰富的，是高校在积极主动适应社会需要，不断调整自己的教育理念、学科建设、培养人才规格、培养模式的过程中相对稳定的东西。

（三）**核心性与系统性**。办学特色是学校的"主色调"或"基调"，集中体现于一个方面而影响全局，以理念性东西为核心和灵魂，而贯通和体现于办学育人的各层面和各环节——从大学制度、管理运行机制、培养模式、传统作风、育人环境层面，到最终体现于所培养人才的品质、服务社会的模式、文化—知识创新的方向与方式。其生成与变动也是由内而外、由外而内的系统性、层次性的互动推进。

（四）**社会性与时代性**。办学特色是高校在与社会的互动中形成的，生成的深层根据和动力根源在社会、经济、文化、科学发展之中，办学特色的价值也最终取决于对科学发展、经济发展、社会文明和人的发展的贡献，离开社会贡献谈办学特色就失去了评价的依据，学校间办学特色虽和而不同，但有共同的时代特征，如现代大学普遍强调研究工作的重要，突出科学与人文的融合。

准确理解办学特色的内涵，我们必须澄清一些模糊认识。我们不能把办学成绩当成办学特色，特色应该是办学成就的独特之处以及取得办学成绩的独特方式，更不能把特色与规模、学科齐全与否挂钩；我们不能把办学过程共性的东西当成特色，办学特色是高校在遵守高等教育普遍规律、现代大学基本制度、主流观点和共同发展趋势的基础上，有所选择、有所侧重、有所变通、有所创造，从而形成符合自己办学资源的区域位置，符合社会发展（经济、文化、科学、社会）环境需要，符合自己办学传统的合理优化的办学格局和风格中体现出的。我们不能把办学定位当成办学特色，明确办学定位是高校确定在经济社会发展中和高校群体中的相对优势位置的过程，高校合理定位是形成办学特色的基础，同时，如何确定办学定位的价值原则和方法论是办学特色的核心内容，定位与特色是不同层面的东西。我们不能把亮点或特点当成特色，亮点、特点在整个办学和育人过程中影响、渗透、体现得还不够系统、深刻、全面，社会影响力和公认程度还不够高，亮点、特点成系列、有系统、带全局、能理性说明才可能成为办学特色。

二、全面理解办学特色的意义

人们关于办学特色意义的认识存在不同的层次，有深浅、远近之别。权宜之计——因为教育部教学评估的要求，而不得不对办学特色有所总结和凝炼，是"迎评"的权宜之计，并不打算真的按所总结的特色办学；生存战略——将办学特色作为在竞争中求生存空间的手段和工具，不打算做更深层和长远的设计；发展战略——不仅作为学校求生存和规避生存危机的手段，而且作为发展战略来对待，着眼于长远发展设计和构建办学特色，不断深化和提升自己的办学特色；本体价值——把办学特色作为高校存在和发展的基本方式和大学的本性来对待，成为学校文化的价值追求和目标，从价值理性的层面建构办学特色的深层生成机制，把创造性、独特性变为全体师生的自觉习惯和风尚。

我认为，对办学特色意义的认识要由浅到深，由近至远，上升到发展战略和本体价值层面。概而言之，对办学特色的意义我们有如下判断：

办学特色首先是一所大学的标志。世界上没有两片相同的树叶，没有两个相同的人，作为复杂的社会文化机构，大学更不可能相同。办学特色是学校之间区别的显著标志。

办学特色是一所大学的内在价值和贡献所在。办学特色是一所大学区别于其他学校的根本特征，是这所大学在大学之林中的立足点和成长点，是大学满足社会对人才、服务、知识创新多样化需要的基本条件,是大学社会价值和贡献的内在根据。

办学特色是高校办学和育人质量的根本保证。衡量高校的办学水平和育人质量的主要标准,是看其与社会需要的符合度、社会满足度和社会贡献率;衡量高校教育水平和教学质量的根本标志,是看育人——教学过程、模式、内容、方式、方法以及条件保障与培养目标的符合度、实现度和效率。因此,教育质量是多元化、多侧面和变化的,与其说是通用性为重,不如说是差异性为重,这要求学校根据社会需要作出自己的价值选择,制定自己的办学方略和发展战略,确定自己的培养目标和规格,设计自己的运行机制与操作规则。也就是说,社会对高校的多样化需求要求高校突出办学特色,只有富有特色的学校才能培养符合社会不同需要的、与众不同的有丰富创造力的高素质人才,这样的高校才是有质量的。

办学特色是办学水平的关键指标。高校是个大家族,有不同的类型和层次,办学水平是同类之间的比较,所谓水平高低就看同类院校教育资源的聚集能力、利用效率和整体社会效益。办学特色是同类学校相比较的主要区分度和差距所在,特色越鲜明就越能在社会中标识和彰显自己,就易于聚集资源,其办学社会适应度、贡献度就越高,因此,特色越鲜明办学水平就越高。

办学特色是高校的核心竞争力和可持续发展能力。有独特品质的优秀人才才有竞争力,有办学特色的学校才能在林立的高校中占据有利的位置,形成生机勃勃的与社会互动的良性机制,在贡献社会中赢得自身可持续发展的广阔空间,正如学者认为的,特色是学校持续生存的前提,没有特色的大学常常处于破产的危险中。

三、深刻理解办学特色的生成规律

说到办学特色,人们用得最多是"凝练"一词,好像办学特色是一个现成的东西放在那里,只等找一个合适的标签贴上就行。殊不知,办学特色是生成的,有复杂的机制和深刻的内在规律,总结、凝练办学特色只有在深刻认识其生成规律基础上才有可能。纵观国内外特色鲜明大学的办学经验,我们可以发现办学特色生成中一些规律性的东西。

(一)**以社会需要和时代要求为导向**。高校的办学宗旨是为社会培养所需要的人才,传播和创造科学知识与文化。只有积极适应和引导社会发展,体现时代要求,高校才能找到发展的方向和动力,才能开掘发展的资源,为办学特色的生成开掘生生之源。美国最古老的大学哈佛大学,最初是英国殖民主义者为了让其后代受到英国式的教育,为了培养神职人员,满足教民的需要而建立的。但哈佛顺应历史潮流,积极参加了美国的"独立战争",改革课程设置,坚持独立、自由、合作的办学三原则,使学校在18世纪后期至19世纪前半叶得以突飞猛进的发展,并逐步形成自己的办学特色,哈佛的经验与耶鲁、牛津、剑桥等极有特色的大学共同的经验就是,高校必须紧跟时代变化的步伐和社会发展的需要。

(二)**以凝练的办学理念为灵魂**。所有特色鲜明的大学都有鲜明的办学理念,并成为其办学育人的灵魂,贯彻始终、通达全体。耶鲁大学的"教育不是为了求职,而是为了生活"的教育理念,使该校实施教育目的多重性和坚持人文主义教育精神、"自由教育"原则的理论基础。麻省理工学院"理工与人文相通,博学与专精兼取,教学与实践并重"的教育理念,使之成为办学特色的依据。斯坦福大学"实用教育"理念从一开始就影响着这个学校的成长,斯坦福园区的成功得益于此。

(三)以优势学科为集中体现。著名大学的办学特色集中体现在优势学科上,一所大学的优势学科所在,就是这所大学的特色所在,大学根据自己的独特优势发展某些重点学科,使之成为优势学科,在自己的优势学科领域为社会作出贡献,是高校形成办学特色的重要切入点。

(四)以教师和学生为根本支撑。办学特色归根到底是由教师和毕业生对科学和社会发展所作出的贡献来支撑的。教师是办学和教育主体,是办学理念和育人过程的执行者,办学特色体现在教师的创造性劳动中,鼓励、尊重、引导教师在认同学校育人理念基础上大胆创造,是保持学校办学特色的重要前提。学生是学校育人质量的最终体现者,办学价值的最终实现者,也是办学特色的最终载体,学生与众不同的个性和特殊贡献是学校办学特色最有力的说明,有一种说法颇能说明办学特色的深刻影响和生动体现——比邻而居的两所大学的学生走在路上一眼便知是哪所学校的。

(五)大学校长的关键作用。办学特色不是自发形成的,而与大学校长的倡导和推行作用密不可分。世界著名大学办学特色无不与杰出校长息息相关,例如,哈佛大学特色形成奠基于昆西校长在19世纪前叶对哈佛的改革,德国柏林大学教学科研相结合的办学理念倡导于创办人洪堡,斯坦福大学的校长斯德林和特曼创造性地发展了学校创办人斯坦福的办学理念,成功地创办了斯坦福研究园区,并使之逐步成为世界著名的"硅谷"。蔡元培之于北京大学"学术自由"、"兼容并包",张伯苓之于南开大学"允公允能"、"开拓、活泼"学风的形成,是国内大学中大家熟知的。校长不仅是学校办学特色的设计者,往往也是组织者和实施者。

在高校普遍存在办学特色不够鲜明的当前,总结办学特色和构建办学特色是一体两面的事,需同步进行,既要总结,又要设计;既回顾历史,又筹划未来。总结办学特色的实质是高校自我认知、自我选择、自我设计、自我塑造的过程。形成办学特色与总结办学特色都是不断深化认识教育规律和自我认识的过程,是在教育规律的基础上,在教育价值的范导下进行的自我创生。

具体到评建工作,总结办学特色也是一个复杂的运思和学习过程,有以下几个层面:技术层面——就自己的办学进行符合评建技术要求的外在表层提炼与设计;经验层面——深入到学校发展的历史现象中,揭示具体的内在精神底蕴;规律层面——广泛学习和借鉴其他高校形成办学特色的经验,深入到办学和育人规律的层面;本体层面——博采众长,独辟蹊径,设计和彰显自我。总结办学特色的运思过程主要环节是:(1)总揽高校万紫千红的斑驳色彩,确定学校的独特面貌;(2)回溯学校复杂的发展历程,探求其深层的精神生命和发展主题;(3)把握高校生存发展的外在环境,揭示其具体的生态系统及其互动机制;(4)洞见其办学和育人工作内在结构—机制,阐明独特面貌诸要素、各层次的骨架和脉络;(5)最后,描述其独特面貌的主要特征,凝炼其标识。

总之,总结与凝炼办学特色是高校自我理解的循环往复的过程,是不断提炼、浓缩、升华的过程,这个过程的核心内容是拓宽视野,在更大范围观察自己,辨识自己;深度挖掘,在更深层揭示自己的内在结构,阐明自己;精确表述,更简洁、集中、突出地标识自己的过程。

(原载《山东高教》2006年第6期)

在何种意义上说残疾人高等教育是我校的办学特色

我校于1985年创办了全国第一个专门招收残疾人的本科专业，开创了我国残疾人高等教育的先河，在国内外产生了广泛的影响。二十多年来，学校坚持以人为本的办学和育人理念，弘扬人道主义，锐意进取，不断开辟残疾人高等教育的新境界，为我国残疾人事业的发展做出了突出贡献。中国残疾人联合会主席邓朴方给予极高的评价："滨州医学院在国内首先提出创办残疾人高等医学教育，培养的学生非常出色，这是我们的骄傲！"如今，人们说起我国的残疾人高等教育总是从1985年滨医创办医学二系讲起，而说起滨州医学院也往往首先想到她的残疾人教育，残疾人教育已经深深融入到滨医的精神生命中，成为滨医一个鲜明的办学特色。

一、敢为人先，开创我国残疾人高等教育先河，促进社会文明进步。

1984年8月，滨州医学院副院长郭玮等同志在参加山东省高校招生工作时发现，许多残疾人学生虽然高考分数很高，但因为身有残疾不符合体检标准而被拒之高校门外。怜悯之心、同情之感、社会良知，使参加招生的同志在受到强烈震撼的同时，更感受到社会文明进步对高等教育的迫切要求和热切呼唤。招生归来，他们将创办残疾人医学高等教育的设想向校党委作了汇报。大家一致认为，残疾人同样可以成为社会主义的有用人才，应该享有接受高等教育的权利，发展残疾人教育是历史的必然，创办残疾人高等教育是学校独辟蹊径、办出特色、开创新局面的重要机遇。学校立即向省教育厅、省计委写出专题报告，向刚刚成立的中国残疾人福利基金会专题汇报，这一计划得到了邓朴方同志的热情鼓励、大力支持和具体指导。经过多方努力协调，在国家教委、卫生部、中国残疾人福利基金会和山东省委、省政府的支持帮助下，我校创办专门招收残疾青年的大学本科系——医学二系的方案终获落实。1985年6月6日，中央人民广播电台、山东人民广播电台在新闻节目中，报道了滨州医学院医学二系招生的消息，宣告我国第一个残疾人医学系的诞生，它标志着我国高等教育向残疾人群体敞开了大门，这一消息像春风吹遍神州大地，点燃无数残疾青年求学的希望之火，这一创举得到社会的广泛关注和高度评价，盛赞学校"办了天底下功德无量的大好事"。1985年9月12日，学校隆重举行了首届残疾人大学生开学典礼，多家媒体聚焦滨医，共同关注这有历史意义的一刻，新华社向80多个国家和地区介绍了我国创办的第一个残疾人医学系。

这一创举突破了当时的招生政策限制，促进了政策的调整；突破了旧的教育体制，建立了政府支持、残联协调、学校为主体的新体制；对传统的残疾人观念和教育观念产生了很大冲击，极大地改变了人们对残疾人的看法。它所蕴含的崭新文明理念，使人们逐步认识到，残疾人同样有接受高等教育的权利，残疾人高等教育是一项崇高的事业，是社会文明程度的重要标志，接纳残疾人接受高等教育是政府和学校义不容辞的责任，这一创造性实践在一定程度上促进了现代文明社会残疾人观的孕育和发展。这一创举不仅展示了社会主义大学的博大胸怀和道义形象，而且体现了我国在保障人权事业上的新成就，折射出东方文明古国迈向现代文明社会的伟大进程。因此，残疾人医学系的创办不仅是我国残疾人高等教育事业发展的标志性事件，而且是我国社会文明进步的标志性事件。

残疾人高等教育从此纳入学校的发展大局，为学校发展注入新的生机和丰富的文化内涵。在党和政府以及社会各界特别是中国残联、山东省委、省政府及有关部门领导的关怀和支持下，滨医人用心血和责任浇灌了残疾人高等教育这枝文明、智慧之花，为我国残疾人教育的发展创造和积累了重要经验，为社会文明和进步做出了令人瞩目的重要贡献。

二、锐意进取,开拓创新,构建高质量的残疾人医学教育体系,推动我国残疾人高等教育的发展。

二十多年来,学校始终坚持社会主义办学方向和以人为本的办学理念,努力探索适合中国国情、满足社会需要的残疾人高等医学教育模式,根据残疾人大学生的身心特点和社会需要,在培养目标、教育过程、教育模式、文化建设、资源整合上,进行了创新设计,提出并实施以"立人为本"、"和谐发展"的全人教育理念,形成了一条残健融合、教育与康复相结合、科学与人文契合、全面发展与个性发展整合的残疾人高等教育新模式。

1. 残健融合,即残疾人与健全人共同学习共同生活;同时,残疾人学生有适当的集中。在临床医学专业统一的教育目标和计划要求下,考虑残疾人的身心特点和未来职业发展需要,实施个别化培养学习计划——这种"有分有合,有同有别"的模式,有利于残疾人融入社会健康成长,有利于解决他们的特殊问题和个性化发展需要,有利于学生之间互相交流和学习,有利于培养自己的系风和学风。滨医人创出的依托普通高等学校发展残疾人高等教育的模式顺应了世界残疾人高等教育"一体化"和"回归主流"的发展趋势,适合我国高校办学条件的实际情况以及社会文化特点,被专家称为"滨州医学院模式",这一模式成为我国残疾人高等教育的主导模式,我国随后创办的10所特教院系,都是采取依托普通高校的办学模式,可谓:铁肩担道义,众志成城辟出特色路;丹心育奇葩,一枝独秀唤来满园春。

2. 教育与康复相结合，就是把教育过程和残疾人的康复过程结合起来，实现康复与教育的互动融合。学校重视残疾学生肢体和功能康复，对每一个学生进行查体，制定康复方案，利用附属医院的优势，先后为100余名肢体残疾的学生实行了矫形手术；开发残疾人适宜的体育项目，使他们的形体和技能都得到了较大改善，积极开发残疾人体育潜能，在历届山东省残疾人运动会上获得金牌40多块，获得山东省残疾人体育先进单位；针对残疾人学生的心理问题和普遍的心理教育要求，创办之初，就开展心理调查研究和健康教育活动，在国内高校较早地建起了心理健康教育咨询机构，开发残疾大学生的心理资源、提高心理素质和塑造健全人格，近几年，结合承担的教育部全国教育科学"十五"规划课题"残疾人大学生心理特点和健康教育研究"，以开展心理健康教育周、名家讲座、团体辅导、个别咨询、行为训练等多种方式进行系统的干预，结合学生成长不同阶段的实际问题和思想问题有针对性地开展心理教育活动，取得显著成效，项目获得了"山东省高校思想政治工作创新奖"。创造条件引导学生参加社会实践和校园文化活动，以助残日活动、暑期社会实践、盲聋校助教、勤工助学等形式，促进学生在丰富多彩的社会活动中提高综合素质和社会适应能力。肢体、心理、社会综合康复的实质就是全面实施素质教育，这为学生的健康成长和全面发展铺就了一条成功道路，成为残疾人教育的一条重要规律和实践经验。

3. 科学精神和人文情怀的契合，坚持"立人为本、以德为先"的育人理念，探索形成以培养有科学精神、人文情怀和社会责任感的高素质人才为目的，以"仁、智、诚、勇、信"为纲目，以"三个转化——劣势转化为优势、压力转化为动力、心理资源转化为文化内涵"为主要机制的德育模式,取得显著成效果。学校倡导和实践人道主义,营造扶残助残的育人环境,时时处处体现对残疾人大学生的尊重和关心;注重培育优良学风、校风和系风,以了解校史、系史为载体,进行爱党、爱国、爱社会主义教育,激发学生珍视关怀、感恩生命;以"全国三好学生"任乐等优秀学生为典型,以张海迪和校友韩芳等杰出残疾人为榜样,引导学生做自立自强的优秀大学生;请优秀校友回校交流,使学生感受时代精神、传承滨医优良传统;编辑出版反映残疾人大学生成长和残疾人医学教育创办历程的纪实作品《飞吧,鸽子》一书,作为引导全体学生自我教育、深入思考的教材;重视人文素质和科学理性精神培养,引导学生正确对待自身残疾,自尊、自信、自立、自强,教育学生学会面对挫折与偏见,学会理性和宽容,培养学生的参与意识、竞争精神和建设态度,为学生以平等的身份参与社会生活奠定基础,为学生树立科学、积极、健康的人生态度奠定基础。残疾人学生徜徉于学校营造的和谐文明的精神家园,感受到的是春风般的精神关怀,获得是细雨般的文化滋润,增加的是蓬勃的生命力,在科学理性和人文价值基础上,残疾人教育生长成为一支具有"诚毅自强、乐观进取"独特品格的奇葩,学校成为残疾人大学生的"再生之地"。

4. 专业素质与综合素质、全面发展与个性发展的整合,学校注重因材施教,在整个教学过程中鼓励和支持学生个性化发展,突出实践能力和创新能力的培养,要求学生"一专多能",强化外语和计算机的学习,突出社会实践,近几年,有90%以上的学生学获得国家计算机二级以上证书,一部分学有所长的同学脱颖而出,李先涛同学获得全国大学英语竞赛一等奖,徐辉勇同学发明的多功能拐杖获得"山东省大学生挑战杯科技发明大赛特等奖",刘依华同学考取清华大学计算机专业的研究生,英语和计算机特长提高了学生在就业和考研方面的竞争能力,侯海峰、陶信东同学连续两年成为浙江大学医学类考取研究生的成绩第一名。在实践教学环节,安排学生到条件最好医院见习实习,为残疾人学生提供优质教育资源,并结合身心特点、就业方向的不同需要,制定每一个学生的学习计划,在保证掌握临床医学基本知识、基本技能的前提下,突出某些临床学科的强化训练。学校十分重视残疾人大学生的就业问题,在培养目标上和内容上注意扬长避短,提高学生的适应能力和竞争能力,残疾人大学毕业生就业率达到90%以上。

5. 学校建立完善的残疾人高等教育综合支持系统。一是社会的关注、领导的关心和关怀,为残疾人教育发展和残疾人大学生健康成长营造更好的社会环境和提供更多的社会资源。二是建立残疾人大学生助学体系和激励机制,学校为残疾人大学生提供了良好的学习生活条件,充分体现了党、政府、学校和社会的特殊关怀,学校克服经费困难,为他们建起了专用的机房、浴室、洗衣房和康复活动室;学校积极争取社会各界的支持,1995年设立了残疾人大学生康复基金,已资助上百名学生进行康复矫形手术;2002年设立了残疾人大学生助学基金,已累计发放15万元;2005年又设立了文杰·自强奖学金和胜泰助学金,对新形势下如何建立帮助和教育困难学生进行了有益的探索,取得显著成效。三是建立知识支持系统,学校重视办学经验的系统总结,注重以教育规律指导工作创新,近几年,学校以残疾人事业发展的实际问题为研究重点，先后完成国家社科基金课题"残疾人就业问题研究"，山东省社科规划重点课题"我国残疾人高等教育问题研究"、"残疾人大学生心理特点研究"以及教育部、山东教育厅多项研究，取得了丰硕的研究成果，先后获得山东省社会科学优秀成果二等奖一项、三等奖一项，研究工作对学校实际工作和残疾人事业发展发挥了积极的作用，其中关于残疾人就业问题的主要成果被国家《残疾人就业条例》起草工作采纳，学校成了工作创新与学术研究互动的工作格局和机制，促使管理队伍走上专业化的道路。

二十多年来，广大残疾人大学生自强不息、奋发成才，先后有来自全国15个省市的700余名残疾人大学生顺利完成学业，成为医疗、科研等领域的骨干力量，他们不论在国际医学研究的前沿，还是在基层医疗服务的第一线，都敬业乐群，深受欢迎，每一个学生都成为弘扬博爱精神的种子、传播文明理念的种子、促进社会和谐的种子。他们中有152人考取研究生，81人加入中国共产党，2人参加志愿服务西部计划，76人受到省级以上奖励，"全国三好学生"任乐、"山东省十大优秀学生"（包括提名奖）殷兆方、李先涛（两次提名）、张博、钱宗森、李香营等一批优秀同学。毕业生中涌现出"全国自强模范"韩芳、"全国五一劳动奖章获得者"曾吾德等杰出校友，被有关专家称为"滨医现象"。滨州医学院的残疾人高等教育，由于办学特色鲜明，质量优异而广受赞誉。学校先后被中宣部等八部委授予"全国扶残助残先进集体"称号，"山东省残疾人体育先进单位"等称号，医学二系党支部被山东省委表彰为"先进基层党组织"。

事实证明，滨医的残疾人医学教育为残疾人开辟了一条成才、成人、成功的宽广道路，保障和实现了他们平等的教育权利，促进了他们的健康成长和全面发展，给了他们做人的尊严和创造共享社会文明的能力，可以说，教育改变了残疾人的命运，解放了残疾人一家，影响了社会一片，如同87级校友北京大学教授韩方所说，"是滨医给了我们一切"，席思川所说，"滨医是心中永远的丰碑"。以这个特殊的教育对象为载体，对医学教育模式的转变做出了积极探索，为推进大学生素质教育创造了成功经验，实现了医学教育、残疾人教育和生命教育的深度融合，这种探索和创造积极顺应了世界残疾人教育发展的主流、高等教育的改革发展大势和医学教育的重要转型，所蕴含的丰富理念和探索精神具有深远的意义。残疾人高等医学教育是历史的产物，随着社会文明进步，随着高等教育的开放和多样化，残疾人将有更多的选择，残疾人高等医学教育可能随着医学教育形式的变化而面临新的挑战，乃至完成其历史使命，但是，它倡导和实践的以人为本的育人理念，它探索和形成的规律性认识，将永远融入我国残疾人高等教育的发展历程中。

三、以人为本，与时俱进，为建设充满人文关怀的大学文化注入丰富内涵，彰显独特办学魅力。

残疾人高等教育展示了学校社会主义大学勇于承担社会责任、实践人道主义的良好形象，为扩大学校社会影响和知名度发挥了独特作用。二十多年来，人民日报、中央电视台、光明日报等主流媒体对学校进行了上百次系统全面的宣传报道，其中1995年学校拍摄的专题片"一群特殊的大学生"在中央电视国际台连续多次播出，产生了积极的影响。美国、澳大利亚等国专家学者以及国际组织的有关官员多次来校考察交流，对残疾人高等教育的办学质量和办学经验给予了高度评价，残疾人教育成为学校国际交流和展示我国残疾人高等教育成就的窗口。媒体称学校为"中国第一助残大学"，社会称学校为"人道主义的一面旗帜"，中国残联领导称学校是"展示我国残疾人事业的成就的窗口"。

残疾人教育在丰富大学形象的同时，为医学院校建设大学文化注入以人为本的理念，奠定了人道主义的价值基础。大学形象的树立与塑造过程，和大学价值定位与文化自觉的过程是一体两面，相辅相成的。残疾人高等教育是人道主义事业，这一创新实践体现了学校倡导和实践人道主义的自觉性，深化了学校以人为本的办学理念、发展理念和育人理念，开拓残疾人高等教育新境界、丰富残疾人教育特色新内涵的过程成为"以人为本"核心价值观不断深化和升华的过程，残疾人高等教育领域成为以人为本教育理念的生长点和试验田。

残疾人高等教育创办和发展的历程给滨医人深刻的启示：办教育就要以人为本，兼容并包，有教无类；谋发展就要解放思想，勇于创新，敢为人先；干事业就要科学规划，矢志不渝，众志成城。发展残疾人教育必须充分认识其社会意义，自觉担当社会责任，真正把它作为一项崇高的事业来做；必须构建适合残疾人特点的教育模式，为残疾人大学生提供优质教育资源，培养全面发展的合格人才；必须营造体现人文关怀的育人环境和大学文化，为残疾人大学生健康成长和融入社会积极创造条件；必须形成政府、社会、学校共同关注和支持残疾人教育的机制，形成残疾人教育的合力。这深化了滨医人对残疾人教育规律、高等教育规律、医学教育规律的认识。残疾人高等教育创办和发展的历程蕴藏宝贵的精神财富，创办过程所体现的敢为人先、独辟蹊径的精神，审时度势的机遇意识，倡导文明贡献社会的发展理念，已经融入我校厚重的文化积淀中，成为滨医精神的重要组成部分，升华为滨医人的发展智慧。

残疾人高等教育创办和发展成为深化建设大学文化的载体和契机，为医学院校大学文化建设提供了独特而宝贵的资源。全校师生员工尊重、理解、关心残疾人学生，残疾人学生与健康学生一起学习、生活，不仅使他们的身心得到全面发展，而且他们身残志坚、自强不息、乐观进取的人生态度也感染和影响着教师和同学，成为宝贵的精神和教育资源，成为滨医的"校本课程"、"潜在课程"和"乡土教材"，产生了积极的不可替代的教育效应，不仅形成了平等和谐的校园文化，而且对培育优良学风、校风发挥了重要作用；丰富多彩的扶残助残实践使人道主义思想进一步深入人心，人道主义这一与医学有天然联系的价值观成为医学院校大学文化的基本价值；和残疾人朝夕相处，人们对生命和健康的认识更加深刻，对生命多了一份尊重，对健康多了一份珍视，对他人多了一份关爱，对社会多了一份责任，生活成为学生学会关怀、学会尊重、学会负责、学会合作的过程，"珍视健康、尊重生命、保护弱者、维护公正"的人文情怀为大学生形成良好的职业道德产生了积极的影响，残疾融合的共同生活，使人们对残疾现象和残疾人有了全面的理解，这为促进从生物医学模式到生物—心理—社会医学模式的转变发挥了潜移默化的作用，尊重病人、关心病人、爱护病人成为社会对滨州医学院毕业生的一致评价。

(原载《滨州医学院报》2006年第21期)

第二篇 化育之道

努力探索和实施适合残疾大学生
特点的思想政治教育模式

——在全校大学生思想政治教育工作会议上的发言

(2005年4月17日)

残疾人大学生是我国高等教育中的特殊群体,在全国仅为1‰,我校为2‰。人数少,我们不仅不能够忽视,而且更应该予以特殊关注和关怀,因为他们是6000万残疾人中的凤毛麟角,他们的成长体现着我们社会的公平和教育的合理。每一个残疾人大学生和其他学生一样,有同样的价值和尊严,都希望得到最适宜的教育和最优化的发展。残疾人大学生同样是党和国家的宝贵人才资源,在他们身上,同样寄托着国家的未来和民族的希望。思想道德素质不仅是人的核心素质,而且也是人才的核心竞争力。残疾大学生要成为全面发展的高素质人才,必须以德为本。思想政治教育有为残疾大学生的健康发展提供价值导向、方法指导和持久动力,在残疾人高等教育全部工作中居于全局性、基础性、先导性地位。促进残疾大学生全面健康发展,对于实现他们的平等教育权利和发展权利,体现社会关怀,弘扬人道主义和自强不息的民族精神,构建和谐文明校园,有十分重要的意义。在目前的办学格局中,学生教育、管理、服务是我们医学二系的主要工作。质量是生存的根据,特色是发展的条件,医学二系的存在和发展取决于人才质量和办学特色,学生思想政治教育是我们提高质量的着落力点,是我们创造工作经验的突破口。对此,我们有充分的认识,一定要全力做好。

残疾大学生和所有大学生一样,积极向上、渴望成才,他们为了实现理想自强不息、坚韧不拔,展现了新时期大学生的精神风貌。我们必须看到,残疾大学生在成长过程中面临着更多的压力和困难,这不能不给他们心理面貌以深刻的影响,呈现某些群体特征,有些残疾大学生中还有一些突出的问题:在日趋激烈的社会竞争压力面前,信心不足、有悲观情绪和退缩表现;在社会不公正面前,信仰和信念趋于淡化;在社会排斥和偏见面前,不够理性,易偏激。这些问题我们必须高度重视,切实解决好。加强和改进残疾人大学生思想政治教育,必须针对学生特点、满足学生的成长需要、发挥学生的心理优势,抓住发展中的主要矛盾和突出问题,因材施教、因势利导、长善救失、循序渐进,充分发挥思想政治教育关心人、尊重人、理解人、规范人、解放人、发展人、成就人的作用。

一、树立科学的体现人文价值的教育理念,建立有效的教育模式。

做好残疾大学生的思想政治教育工作,必须要在把握残疾大学生特点和成长规律基础上，以科学的体现人文价值的教育理念为指导，建立有效的教育模式和工作机制。

要捧出一颗心来，建立坦诚开放、善意真诚、双向互动、尊重信任的教育关系。"亲其师，信其道"，教育关系是形成全部工作有效性的基础，是教育的条件，也是教育的资源和动力。建立关系要靠真情实感、真心实意、真知灼见、真做实干，信任是关键，真诚是根本。要给学生以深情的生命关怀、深厚的人文关怀和深远的社会关怀，以宽广的胸怀接纳残疾学生，要有仁爱之心、慈悲情怀，从内心里爱学生，关怀每一个学生，一切为学生着想，为学生的长远着想，尊重学生的差异，理解学生的需要，珍视学生的个性，欣赏学生的成长，宽容学生的缺点，和学生形成心心相印、息息相通的亲密关系。

要做好两个结合：一是普遍性和特殊性的结合，二是长善和救失的结合。在把握大学生共同特点和普遍教育规律基础上，把握残疾人大学生的群体特点、个性特点和发展的特殊规律。强调普遍性，忽视残疾大学生的特殊性，工作就不可能有针对性和实效性；夸大残疾人的特殊性，当成另类，心存偏见，就不能以更宽的视野去分析把握残疾大学生，工作就不可能把握本质、主流和大势。其实，残疾人大学生的心于其他学生是相同的，也是通的，对于肢残大学生而言，残疾只是他们的身体特征，只是由于社会排斥和偏见造成的环境变化，给他们带来了一些负面心理效应，既然是社会给予的，社会就应该给予他们补偿——用更多的社会关怀和心理关怀以调整其心态。残疾人大学生的成长既要长善，既要发挥他们的长处、发展他们的优势，又要克服自身的缺点，使两者相得益彰，相互促进。长善是主要的方面，要以积极的眼光看待大学生，发挥学生的积极力量，获得积极品质。

要实现三个转化：把自卑转化为追求超越的力量；把经历转化为成长的心理资源，丰富人生体验，深化人生意义；把沉重的压力转化为发展的不竭动力。

要把握四个重点：以发扬英雄主义、乐观主义为切入点，重点加强理想信念教育，引导学生牢固树立"天生我材必有用"的自信和"不信春风唤不回"的信念；以培养感恩情怀为切入点，重点加强爱国主义教育；以诚信品质与合作意识为切入点，重点加强基础文明素质教育；以珍爱自我为切入点，重点加强心理健康教育。

要发挥五个作用：要发挥科学理论的指导作用和人文价值的奠基作用，用理性的光芒照耀成长道路，用人文精神哺育健全心灵；要发挥环境的陶冶作用，用高品位的育人环境潜移默化影响学生；要发挥榜样的激励作用，用可亲、可信、可爱、可学的典型的人性光辉唤醒学生的人格理想；要发挥学生主体的建构作用，用自强不息的精神推动自我思想境界的提升；要发挥实践的生成作用，用丰富的活动空间和土壤滋养学生和谐发展。

二、近期重点做好的几项工作。

1. 精心策划和组织庆祝建系 20 周年系列活动，进行系史教育，激励学生爱校、爱系，进一步扩大社会影响，提高学生自信。

2. 积极争取社会支持，设立残疾人大学生奖励基金，完善资助体系,切实减轻学生经济负担,充分体现社会关怀,激励学生发奋学习。

3. 高标准地准备德育评估和教育部本科教学水平评价,认真总结经验、努力升华理论、积极探索新经验,力争成为评估的亮点。

4. 弘扬人道主义,做好助残日系列活动,争取社会更多的支持,为学生健康成长营造更好的社会环境,把校园建设成残疾人大学生的再生之地、精神家园。

5. 加强心理教育,全面推进素质教育,完善就业指导等服务体系。

6. 加强联系,挖掘和利用校友资源,发挥杰出残疾人的榜样作用,请张海迪为德育导师。

7. 丰富载体、创设情境、搭建舞台,引导学生自我教育,建设优良学风。

8. 深化残疾人心理、就业问题的研究,拓展研究领域、提高研究水平、扩大社会影响。

三、教学相长,修身为本,努力提高育人能力和教师境界。

思想政治工作既是科学又是艺术,具有长期性、复杂性。日常工作,年复一年,月复一月,日复一日,一天 24 小时;新学生、新情况、新问题、新任务,层出不穷,很不容易呀!加强学生思想政治工作,关键在人。不付出艰辛的劳动就不可能取得显著的成效,因此,必须做到经常性工作有新意,基础性工作有深度,不断提高自身的素质和能力。残疾人教育更是一个艰苦的工作,无时无刻不对我们的责任感、道德心和智慧进行考验。育人过程难免有苦、有累、有烦,但是,我们感受更多的是育人之乐,当我们看到事业在发展、学生在成长、精神在延续,真有一种"不知老之将至"的感觉,正如古人所说:蒙养以正,圣功也。教学相长,我们在探索中增加智慧,在创造中提高境界,收获一颗年轻而善良的心。

身教重于言教。我们对事业、对工作、对学习、对人的态度和方式,是对学生最直接、最深刻、最有说服力的教育,我们必须修身为本。加强学习,深化研究,勇于创新,是我们承担崇高育人使命和道义责任的根本保障。建立学习型组织,向研究型、专业化、学者化方向发展是我们的工作方向,努力创造有特色的德育经验和有深度的理论成果,是我们的工作目标。

我们曾取得显著的成效、创造了成功的经验,也获得山东高校思想政治工作创新奖。这为我们奠定了很好的工作基础。但是,残疾人大学生面临更严峻的挑战,残疾人高等教育发展面临更复杂的形势,思想政治教育承担着更重要的使命,我们必须自强不息,以积极的心态面对一切挑战。正可谓:雄关漫道正如铁,而今迈步从头越。

铸自强之魂，建精神家园

什么样的思想政治教育才有效？我们在工作中深深体会到，只有贴近学生内在精神需要，能唤醒其道义责任和尊严的教育，才能深入人心、赢得人心，激活其成长的动力，否则就是无源之水；只有贴近学生现实发展水平和实际问题的教育，才能落地生根，内化为德性，外化为行为，丰富和充实其精神生长的内涵和过程，否则就是无本之木；只有贴近学生成长规律的教育，才能顺其自然，水到渠成，事半功倍，否则就是空中楼阁。残疾人医学系围绕提高思想政治教育的科学性、人文性、针对性和实效性，在实践中创造性地实施了"铸魂工程"。"铸魂工程"抓住了学生处于世界观、人生观、价值观形成的关键时期，突出了自尊、自信、自立、自强教育的核心作用，弘扬了英雄主义、乐观主义和自强不息的精神，塑造了二系人的精神品格，营造了自己的精神家园。

科学与人文

社会在为学生提供更多的发展机遇和资源的同时,也使大学生面临日益复杂的社会环境和压力,他们普遍存在着成长的困惑、选择的矛盾和适应的挫折。促进学生全面发展,必须处理好各方面的关系,解决好一系列的矛盾和问题,这需要有科学的理论来指导。二系把学习科学理论作为铸魂工程的基础,引导学生利用已掌握的社科知识和理论,分析解决自己的思想和实际问题,做到活化知识、深化理解、提炼经验、升华境界。二系党支部先后成立了邓小平理论和"三个代表"重要思想学习小组,结合"两课"学习和社会热点问题、同学的焦点问题,带领和引导学生深入学习,并使学习经常化、制度化,通过组织座谈会、交流会、报告会等形式不断提高学习层次和深度,使邓小平理论和"三个代表"重要思想入脑、入心,成为残疾人大学生的强大精神支柱。由于学习活动注重引导学生独立思考,学生逐渐学会用积极的态度面对一切,用辩证的眼光看待一切,用有效的行动改变一切,领会了"发展是硬道理"的深意,理解了只有超越自我,才能实现自我的大道理,逐步把世界观、人生观、价值观建立在科学理性之上。

二系通过开展阅读经典活动,进行人文知识竞赛和辩论会、建设宿舍文化等形式,丰富学生的人文知识,营造浓厚的校园文化,引导学生领会自强不息、厚德载物的民族精神,体验顺其自然的生存智慧。引导学生调整心态,正确对待自卑情绪,既不能压抑,也不能否认，要使之转化为超越的力量；面对缺陷，不怨天尤人，不自怨自艾，要顺其自然，为所当为；面对压力，不能无动于衷，也不能手足无措，要从容应对，积极行动；面对偏见，不激愤，不自弃，要勇往直前。

在科学理论的基础上，在民族传统的培育中，在时代精神引导下，学生们用思考和真诚构筑起自己的精神世界。

直面与回归

只有直面学生人生的教育，才能吸引学生；只有回归学生生活世界的教育，才找到了德性生成的源头活水。教育者必须尊重学生的需要、尊重学生的感受、尊重学生的选择和存在。残疾人大学生有他们特殊的需要和问题，面临更严峻的挑战，自卑、焦虑等负面情绪相对较多，也蕴藏着丰富的心理资源。残疾人医学系对此不回避，不漠视，而是选准载体"单刀直入"式地把学生发展中的严峻问题伺机挑明，使之成为引导学生自我发现、自发探索和自我塑造的切入点、突破口。

1998年，为了解毕业生的情况，二系对毕业生进行一次全面调查。往届毕业生对母校的感恩深情，对在校生的殷殷之情，让残疾人医学系感到弥足珍贵，并意识到这是对学生进行自我教育的好材料，于是经过精心整理的数万字文稿《往届毕业生寄语在校生》很快呈现在学生面前，"读往届生寄语，争做跨世纪优秀大学生"的自我教育活动在倡导下有声有色地开展起来。《寄语》中的勉励发自肺腑,建议富有远见。他们多年来求学、求职、成才的坎坷和奋斗历程,给人启迪,催人奋进。与往届生"面对面",就是与自己的未来对话,也是与自己的现实沟通。如何在面对社会偏见时学会宽容,面对自身缺陷时学会平常心,面对挫折时树立信心,面对机遇时自强不息,这些学生们迫切需要解决的问题,《寄语》中都有很好的诠释。往届生的经验和教训深深打动了同学们,同学们面对一个个鲜活的生命,聆听一句句真诚的话语,敞开心扉,真情投入,写心得、谈体会,交流思想、分享收获,都称这是一次刻骨铭心的精神旅程,有一种脱胎换骨的感觉。

这件事引起了残疾人医学系的思考:残疾人医学系的创办和发展,大学生的成长和奋斗本身就是一笔宝贵的精神财富,这个精神富矿还有待于挖掘。于是,经过一年的精心准备,反映历届优秀残疾人大学生事迹的《一群特殊的大学生》由中国文联出版社出版了。残疾人医学系开展了读《一群特殊的大学生》,学习残疾人医学系精神活动,以"自强不息,乐于奉献"为主要内容的残疾人医学系精神,在讨论中进一步深化,在交流中进一步提炼,在实践中进一步丰富,学生从中学习真诚面对自己,勇敢面对命运,清醒面对现实,乐观面对生活。从此,读《一群特殊的大学生》,领悟二系精神成为对每届新生教育的重要载体和活动。残疾人医学系不断抓住和创造教育时机,引导学生自我教育,先后开展了"我的2001年"自我总结活动,"在党的旗帜下""非常时期的特殊感悟"征文活动,"我的梦想"读书心得交流等丰富有效的自我教育活动,自我教育成为"铸魂工程"的核心环节。

榜样与群体

社会心理学说明,"重要他人"在人的社会学习中有重要的作用。因此,残疾人医学系把学习榜样作为"铸魂工程"的重要环节,用榜样的成长经历,激励残疾人学生树立正确的人生坐标,科学地对待自身残疾。为此,残疾人医学系长期组织学习张海迪活动,用海迪追求知识、追求美的风采鼓舞和感染大家。张海迪不仅是学生们心中的榜样,而且成为大家的知心大姐,她在为《飞吧,鸽子》所作的序言中勉励大家"用知识改变命运"。就这样乙武洋匡等优秀残疾人走进了学生的视野和生活,成为大家见贤思齐的对象。

身边的榜样更可信、可亲、易学。残疾人医学系重视发现和培养学生典型,注重用身边的榜样影响同学。残疾人医学系及时发现好苗子,勤指导,严要求,多锻炼,使一批批优秀学生迅速成长起来。94级的任乐同学微笑着面对生活的勇气和信心,树立了残疾人的美好形象。她先后荣获"山东省高校十佳三好学生"、"全国三好学生"称号,并获"胡楚南奖学金",在人民大会堂受到国家领导人的亲切接见。残疾人医学系十分重视对优秀学生精神品质的内在挖掘,同时积极向有关媒体推介,中央电视台、山东电视台等媒体先后对这些优秀学生进行报道,通过多种渠道残疾人大学生群体的公众形象逐步树立起来。殷兆芳(省十大优秀学生)、李先涛(省十大优秀学生提名奖)等优秀学生的事迹经媒体报道后,成为全院同学学习的榜样。近几年,先后涌现出张忠波、张博、刘金萍等优秀学生,在他们身上集中体现着二系人自强不息、艰苦奋斗、乐于奉献的精神。

近几年,残疾人医学系的教育质量优势更加明显,2002年毕业生就业率达到100%,99级全国大学英语六级考试一次通过率达50%,2003年硕士研究生入学考试39名应届毕业生有19人上线,2004年硕士研究生入学考试46名应届毕业生有21人上线。

残疾人医学系富有成效和特色的德育工作得到了社会的认可,2003年残疾人医学系获得山东省高校思想政治工作创新奖。

(2004年6月)

引领残疾大学生走健康和谐全面发展的道路

——探索适合残疾大学生特点的德育模式

医学二系秉持"为残疾人健康成长提供优质教育、为学校科学发展培植人文资源、为社会全面进步倡导和谐理念"的宗旨,关怀生命,尊重需要,铸魂为先,探索适合残疾大学生特点的德育模式,引领残疾人大学生昂首走上健康、和谐、全面发展的成功道路。

一、**关怀生命** 和谐环境构筑学生精神家园,残疾人学生是校园大家庭的平等一员,是特殊群体。我们坚持以人为本,倡导现代文明观念,实践人道主义,着力营造和谐环境,科学设计残健融合、教育康复相结合的人才培养模式,促进学生更广泛地参与、更充分地融合,树立扶残助残的风尚,周到设计无障碍设施,完善助学体系,开展真诚的助残活动,丰富校园文化,为残疾大学生学习生活提供良好的条件。把党和政府的关怀,学校和社会的关心,汇集转化为教育力量,尊重唤醒尊严,关爱激励自强,信任激扬自信,和谐关系、和谐环境、和谐理念,为残疾学生品德的生成奠定深厚的基础。

二、尊重需要 助学体系激励学生健康成长成才是学生的最大需要，发展是他们的最大任务，平等是他们的最大渴望。学校重视残疾人学生肢体和功能康复；针对残疾人学生的心理问题和普遍的心理教育要求，开展心理调查研究和健康教育活动，在国内高校较早地建起了心理健康教育咨询机构，以开展心理健康教育周、名家讲座、团体辅导、个别咨询、行为训练等多种方式进行系统干预，开发残疾大学生的心理资源、提高心理素质和塑造健全人格；创造条件引导学生参加助残日活动、暑期社会实践、盲聋校助教、勤工助学，学生在丰富多彩的社会活动中提高综合素质和社会适应能力。肢体、心理、社会综合康复为学生的健康成长和全面发展铺就一条成功道路。

建立助学服务体系，设立残疾人大学生康复基金、助学基金、"文杰·自强奖学金"，购置了电动车，建起了残疾人专用机房、浴室、洗衣房和康复活动室，把助学工作纳入德育工作总体，引导学生诚实守信，自立自强，把关怀转化为激发自己成长、成材的动力。

突出实践能力和创新能力的培养，在实践教学环节，结合学生身心特点、就业方向的不同需要，实施个别化的培养方案，提高就业能力。积极与当地残联、医院联系沟通，帮助残疾人大学生落实就业单位，毕业生就业率达到98%以上。

三、铸魂为先 弘毅精进品格奠基终身发展实施"铸魂工程"，编辑出版反映残疾人大学生成长和残疾人医学教育创办历程的纪实作品《飞吧，鸽子》《为了倾斜的大地》《仁心妙术济苍生——滨州医学院优秀校友事迹选》等书籍，作为引导全体学生自我教育、深入思考的教材；组织学生参加庆祝建系20周年系列活动，进行系史教育，激励学生爱校、爱系；以"全国三好学生"任乐、钱宗森等优秀学生为典型，以张海迪和校友韩芳等杰出残疾人为榜样，引导学生正确对待自身残疾，教育学生学会面对挫折与偏见，学会理性和宽容，培养学生的参与意识、竞争精神，引导学生把"自卑转化为超越、压力转化为动力、劣势转化为优势"，为学生树立科学、积极、健康的人生态度奠定基础，培育了弘毅精进的品格。

四、创新为径 教学相长提高育人境界特殊的群体、艰苦的工作、崇高的事业，需要特别能吃苦、特别能奉献、特别能创造的精神。关爱成就学生，关爱升华自己，崇高的事业提升育人境界。先后完成国家社科基金课题"残疾人就业问题研究"，山东省社科规划重点课题"我国残疾人高等教育问题研究"、"残疾人大学生心理特点研究"以及教育部、中国残联、省教育厅多项研究，取得了丰硕的研究成果，获得山东省社科优秀成果二等奖、三等奖，初步形成了工作创新与理论研究型结合的工作机制，向研究型、专业化、学者化方向发展，形成了鲜明的工作特色、培育了优良的学风和工作作风，德育工作者成为学生的良师益友。

五、经验与体会主要经验 （1）捧出一颗心来，建立坦诚开放、善意真诚、双向互动、尊重信任的教育关系；(2)做好两个结合：一是普遍性和特殊性的结合，二是长善和救失的结合；(3)实现三个转化：把自卑转化为追求超越的力量；把经历转化为成长的心理资源；把沉重的压力转化为发展的不竭动力。(4)把握四个重点：以发扬乐观主义为着力点，重点加强理想信念教育；以培养感恩情怀为着力点，重点加强爱国主义教育；以诚信品质为着力点，重点加强基础文明素质教育；以珍爱自我为着力点，重点加强心理教育；(5)发挥五个作用：发挥科学理论的指导作用和人文价值的奠基作用；发挥环境的陶冶作用，用高品位的育人环境潜移默化影响学生；发挥榜样的激励作用，唤醒学生的人格理想；发挥学生主体的建构作用，推动自强不息；发挥实践的生成作用，用丰富的活动砥砺学生和谐发展。

主要体会是：(1)爱是最好的教育。博爱育仁心，爱是创新奉献的最大动力，也是激励学生的最好资源。(2)人格是最根本的力量。教育者的人格是有说服力、最有影响力和感召力的教育。(3)创新是最有效的对策。大道生妙术，提高德育的科学性、针对性、实效性，尊重学生成长规律和德育规律，根据学生的特点、形势的变化，与时俱进，不断创新。

(原载《滨州医学院报》第 42 期，2008 年 12 月)

自 强 之 基

——滨州医学院残疾人医学系体育活动纪实

　　1985年,滨州医学院创办了我国第一个专门招收残疾人的大学本科系。十几年来,已有五百多名学生从这里毕业,成为合格的人民医生,其中60人考取研究生,残疾人医学系走出了一条成功的办学路子。残疾人医学系的体育工作成为残疾人医学教育体系中的一个重要方面,为促进残疾学生的健康成长发挥了重要作用。

　　肢残大学生不仅功能受限、形象受损,而且由此产生严重的自卑心理,社会生活空间也随之相对狭窄。康复是残疾学生梦寐以求的理想。多少学生梦见自己和健全人一样自由奔跑,自由跳跃,多少学生梦见自己融入健全人的行列。可到当他们从梦中醒来,面对残障的身躯则是深深的痛苦。

　　因此,如何帮助残疾学生康复成为残疾人医学系首先考虑的问题。在十几年的办学实践中,残疾人医学系形成了教育和康复相结合的办学路子,充分发挥了体育的综合育人功能,以体育促进生理康复、心理康复和社会康复，促进学生全面发展和整体素质的提高。

残疾人医学系把开展体育活动和残疾学生肢体康复结合起来，通过肢体矫形和功能锻炼为开展体育创造条件，以丰富的体育活动促进身体康复。残疾人医学系先后为上百名学生进行了康复手术，康复手术不仅解放了同学，而且给了他们更大的信心，他们可以参加更多的体育活动了。扔掉双拐的同学可以在乒乓球台前尽情挥洒，不再用扶腿走路的同学在羽毛球场可以自由挪动了，一些从来不敢在公开场合运动的学生，开始积极参加体育动……

鼓励和支持残疾学生参加体育活动，要选择适合的项目。残疾人医学系和学院体育教研室一道，为残疾学生设计了具有综合功能的体育项目，重点加强了中华传统保健项目。多年的教学实践证明，传统气功对于残疾学生身心极为有利，这项研究也取得了有价值的学术成果，已有多篇论文公开发表，对推进残疾人体育运动产生了积极的作用。

促进残疾学生身体素质的提高，关键是开展经常性的体育活动，使运动成为同学们生活的一部分，成为同学们的爱好和习惯。虽然说爱好运动是青年的天性，但是许多残疾学生却担心被人讥笑。因此，首先要打破学生的顾虑，学会用一颗平常心对待自己的残障。新生一入校，残疾人医学系就举办迎新运动会，项目包括慢骑自行车、投标、各种棋类等十几个适宜的比赛，老师动员所有同学参加，鼓励学生勇于展现自己，选择适合自己的项目。许多从来没有参加过体育比赛的同学第一次感受到运动的乐趣和竞争的气氛，在运动中发现了自己的潜能，激发了体育运动的兴趣，初步打消残疾学生的心理顾虑。在每年学院春季运动会期间，残疾人医学系都组织残疾学生的专项运动会，为鼓励残疾学生参加竞赛，比赛项目多种多样，充分照顾残疾学生的特点，充分考虑不同学生的特殊需要，每年的比赛学生的参与率都在100%，每次运动会都成为真正的普遍性运动。每年冬季还要举行趣味运动会，丰富有趣的比赛总是能吸引同学们踊跃参加。

残疾人医学系重视学生参加体育竞赛，每次省残运会都组织十几名学生参加。残疾人医学系一方面为同学强化训练提供各种帮助，从运动训练器材，到衣食住行；一方面鼓励同学敢于竞争、敢于胜利，同时重视对学生进行心理疏导和调节，使学生保持较好的身心状态。残疾学生连续在几届省残运会上都取得优异成绩，累计获得金牌三十多枚，2003年省残运会上又获得7块金牌，为学院和滨州市赢得了荣誉。参加大型比赛进一步激发了同学们的体育运动热情，提高了同学们的竞争意识，增强了他们战胜困难的意志。

残疾人医学系为推进学生体育和康复，在用房十分紧张的情况下，在学生宿舍区建立了康复健身活动室，先后购置了几万元的康复设备，并请专职教师对学生进行康复指导。残疾人医学系为每一个宿舍配置哑铃、乒乓球、羽毛球等体育器材，方便了同学们运动锻炼，经常性的锻炼在残疾人医学系已成为一种风气。残疾人医学系的体育活动形成了课内课外相结合，经常性运动和比赛相促进的格局。

残疾人医学系注重开发的体育活动的整体育人功能。在集体性的运动中，加强学生的社会交流、合作意识；在竞争性的运动，提高学生的竞争意识和策略;引导学生在胜利中感受自尊,在挫折中学会坚强。体育不仅提高了学生的体质,而且提高了学生的自信和自尊,真正成为残疾学生自强不息、发奋成材的有力支撑。

[本文为"期待 共享——残奥国际论坛(2005北京)"主报告]

论说服教育的有效条件

说服是德育的重要途径和方法。说服教育在我们的德育中有重要的意义,概而言之,说服是使人认同社会价值、规范,承认其合法性、合理性。从德育的目的看,只有经过说服,才能培养知情意行和谐统一、自由而全面发展的人;从德育活动主体之间平等合作关系看,说服是合法、合理的互动和影响方式;从德育内容和对象之间的建构性生成关系看,说服是基本的交流沟通渠道。

一、以仁心说 精诚动人

现代说服学有一种"寻因理论",认为被说服者总是在寻找说服者的动机,被说服者总是首先从动机方面解释和理解说服活动,"为什么说服我?""为什么这样说?"了解说服者的真实动机和用意,判断是善意的还是恶意的,从而决定是服从还是拒绝。正如亚里士多德所说,人们通常更愿意相信好人。因此,善意是说服得以成功的先决条件。寻因效应要求说服者"以仁心说"(《荀子》),说者要有爱人之心,并使接受者感受到善意和真诚。说服者要有成人之美之心,有道并行不悖的理念,和而不同的胸怀,求同存异的方法。说服的目的不是彼此争胜,强加于人,而在于服从真理,共同向善。"不知其仁"的强辩,结果必如孔子所说的"御人以口给,屡憎于人"。接受者把说服过程解释为商品的供求关系,总是依据说服能否满足自己的某种需要和效率要求,来决定是接受还是拒绝。接受者视说服信息为商品,足则生厌,对说服求新求异,接受者还有这样的心理偏好,总是想知道说服者没有说和不想说的,越是控制、禁止的信息价值越高。这要求说服者既要满足接受者的内在要求,又要善于控制信息发布的数量,做到恰到好处、适可而止。说服之大忌,是言不及义的喋喋不休。说得太多,反而使人充耳不闻。说服者要通晓说服的兴废之道,顺应和引导接受者的内在需要(求真、向善、赏美、好奇、尊重等),善于把握说服的时机,做到豫、时、逊、摩,即《礼记·学记》所说的"禁于未发之谓豫,当其可时之谓时,不陵节而施之之谓逊,相观而善之谓摩"。商品效应要求提高说服的吸引力和效率,做到精诚动人,引人入胜。古语说,精诚所至,金石为开。精是精益求精,诚是诚心诚意。精诚的说服有明确的目的,深入沟通的渠道,必要的转化中介,适度的视界融合,"其言也,约而达,微而藏,罕譬而喻"(《学记》)。这样的说服教育,就如"春夜喜雨"般润物无声、沁人心脾。

二、平等对话 和易以思

接受和服从过程是一个改变自我的过程，这既影响到自尊和自我概念的统一，又影响到习惯化行为的改变，被说服者有抗拒这种变化的心理动力。为了消解抗拒效应，必须体现说服的本质，不能以力服人，使说服成为规训，而要以理服人，使人心悦诚服，所谓"强令之笑而不乐，强令之哭不悲"。说服活动是人际交往的过程，必须遵循交往理性的一般要求。哈贝马斯对交往理性进行了深入的分析，提出交往的四项基本条件或有效标准：(1)说出某种可理解的东西，言说者必须使用对方可领会的表达形式，即可领会性；(2)提供给听者某种东西去理解，言说者所提供的表述内容为真，即真实性；(3)言说者在表达态度上必须真诚，以使听者相信他，即真诚性；(4)达到与另一个人的默契，言说者必须使用正确的话语，与听者能在公认的规范为背景的话语中达到彼此理解，即正确性。哈贝马斯认为，一个交往行为要达到不受干扰地继续，只有在参与者全部假定他们相互提出的有效性要求已得到验证的情况下，才是可能的。

第二，树立说服者的自然权威和信誉，使接受者对说服者产生信任，悦纳说服。对说服者的信任是接受的前提，影响说服者效果的第一个因素就是"谁说"——谁有资格说，也就是亚里士多德论述演说中的信誉手段问题。信誉手段指演说者本人的品质和素质所产生的说服力。亚里士多德认为演说者的个人品质是最有效的说服手段。个人品质首先是演说者的道德品质，其次是演说者本人的专长和经历。亚里士多德认为,信誉手段取决于演说者是否具备下列三个条件:明智、品德、善意。明智,是指演说者对所谈话题的判断能力;品德,就是演说者的道德品质;善意,指演说者对听众的态度。没有明智的判断力,就可能提出错误的见解或意见;判断虽然正确,但演说者如果品行不端有可能会隐瞒正确的判断;演说者既明智又有道德,但却对听众怀有芥蒂,在这种情况下他可能不愿讲出自己的真知灼见。以上三条件缺一不可,任何演说者若被认为具备了所有这三个条件,就一定能取得听众的信任。权威和信誉要被认同和接受,就必须谨慎地行使说服者的权威,自以为是与盛气凌人只能事与愿违。如果不对说服话题和对象保持谨慎,所说超越自己的知识所限,说服就成了鹦鹉学舌、人云亦云,必然毫无效果。海德格尔告诫说,"谁都可以大谈特谈,对什么都可以大谈特谈"的结果"就全然是闲言"。

第三,建立理想的说服关系,即平等、民主、和谐的说服关系。说服活动能否进行,以及效果如何受双方人际关系融洽程度的影响,"人之情不能乐其所不安,不能得其所不乐"(《吕氏春秋·诬徒》)。说服活动要通过语言的合理沟通,把"独白"、"争辩"变成"对话",把说服双方的关系从"我—他"变为"我—你"关系。如果说服关系紧张,甚至对立,说服活动难以奏效。建立理想的说服关系,一要平等对话,要坚持双方的对称条件和互惠条件,做到"己所不欲,勿施于人","己欲立而立人,己欲达而达人";二要将心比心,双方设身处地地相互理解;三要消解说服者中心,消解"独断论",克服自我中心,说服者要从不同的角度、用不同方式观察问题,接受多样性,做到求同存异。说服者的话语霸权,只能导致更严重的抗拒,就像福科说的那样,哪里有权力,哪里就有抵制。说服者要有反思的态度和能力,反思自己说服行为的合理性、合法性、有效性。诚如孟子要求的:"爱人不亲,反其仁;治人不治,反其智;礼人不答,反其敬。行有不得者,皆反求诸己。"建立平等的对话关系,说服者要首先成为听者,倾听才能打开被说者的"诉说";敞开心扉,彼此形成亲密的"我—你"关系,听者才能主动沟通,积极理解,才能心悦诚服,见贤思齐,闻过则喜,过而能改;说服者也才能知己知彼,有的放矢,长善救失,教学相长。与听者形成息息相通、心心相印的关系,往往会有"心有灵犀一点通"的说服效果。说服者要善用启发式,做到"不愤不启,不悱不发",最终使说服者自己说服自己。《学记》中说:"君子之教喻也:道而弗牵,强而弗抑,开而弗达。道而弗牵则和,强而弗抑则易,开而弗达则思。和易以思,可谓善喻矣。"要淡化说服痕迹,增强说服技巧,灵活采用中介策略、涉足技术等有效的手段。

三、潜移默化　相观而善

说服可能在接受者的清醒意识中,也可能在不知不觉中发生影响;说服者可以直接的说服,也可以产生潜移默化的影响。心理学试验证明了潜在效应的存在。在电影放映过程中,心理学家让"请喝可口可乐"这句话,在荧幕上以1300秒的速度,每隔五秒钟出现一次,结果几天后,在受试群体中可口可乐销量大增。最近心理学家利用大脑扫描技术,对人大脑的潜意识活动进行了研究,证明在潜意识状态有恐惧、悲伤、喜欢等感情,还能进行识别文字潜意识活动对说服理解也有重要的影响,因此,说服行为要处理好直接说服与间接说服、明说与暗示的关系,注重环境的熏陶作用。行胜于言,"行"不仅比"言"更具说服力,而且还有感召力、吸引力和示范性,说者的身体力行是让听者信服的关键。墨子说:"务言而缓行,虽辩必不听;多力而伐功,虽夸必不图。"(《墨子·修身》)说服的根本目的在于使人去做。只说,不行,必然白说;只听,不做,等于无效。因此,孔子说,先行其言,而后从之。正如孟子所说,仁言不如仁声入人深也。"仁声"由何而来?说服者的笃实躬行是最有效的说服手段,所形成的感染力、说服力、影响力,是无言之教,将引导接受者更多的"行"。

潜在效应说明个体的接受反应不完全取决于自己的理智,群体效应也说明接受反应不完全取决于自己,接受者同时还要参照其群体的反应。群体会形成一个集体心态和群体动力,影响甚至控制着个体反应,特别是群体中有影响力人物的反应对群体有引导作用。这要求说服者不仅要对个体有深入的了解,还要既见树木,又见森林,善于调动、控制和利用群体的相互作用。一些具体策略有助于利用群体效应:在群体中发现有影响的"代言人",帮助说服者说服同伙,减少说服者与接受者之间的心理距离;在群体中公开对话、讨论有助于消除歧见,达成共识,强化认同;合理利用从众心理,形成舆论,以达到"相观而善"的互动共鸣效果,这些措施往往有事半功倍的效果。

四、因人施说　以理服人

"说到底,一切理解都是自我理解"(伽达默尔)。说服者必须了解说服对象的理解方式和理解程度,只有理解了说服对象,才能有恰当的说服策略。说服要因人施说,把握心理效应要因人而异。孔子要求说话要看对象,做到既不失人,又不失言,还不失时。他对何谓"仁",就因对象不同而有不同的解答。韩非说:"凡说之难,在知所说之心,可以吾说当之。"(《说难》)《学记》中说"心之莫同也",要"知其美恶","知其心,然后能救其失也"。孟子说:"权,然后知轻重;度,然后知长短。物皆然,人为甚。"亚里士多德要求演说者必须通晓具有各种表现形式的人类禀性和美德,通晓人的感情即善于辨识各种感情,描述其特征,懂得各种感情的起因和唤起这些感情的方法。现代哲学家要求从人的"生活世界"(胡塞尔)、"生活形式"(维特根斯坦)、"生活风格"(阿德勒)、"需要"(马斯洛)、"期待视野"(姚斯)等维度把握人的存在和理解方式。对说服对象理解得越深、越广、越准,说服就越有针对性和有效性。因人施说,才能"入人深,化人速",不至于使说服话语无的放矢,既失人,又失言,还失时。

任何说服都应以理服人,而不是以力服人,也不是以利诱人。说服的有效性,取决于说服者成人之美的说服动机,平等对话、和易以思的说服过程,精诚动人的说服方式,身体力行的信誉。有效的说服教育必须做到待人以诚,和之以礼,喻之以理,动之以情,导之以行,做到有理有节。

(原载《山东省青年管理干部学院学报》2008年第1期)

论德育说服的艺术技巧

说服是通过符号的传递，以非暴力的方式影响他人的观念、行动而达到预期目的的行为。人类说服行为无所不在，有政治说服（如竞选）、商业说服（如广告和推销）、宗教说服（如传教）、社会说服（如禁烟运动）等。

通过对话，接受、批判、理解说服是个体社会化的重要方式。政治思想品德教育（简称德育）从说服学角度看是一个说过程即接受社会价值、规范，承认其合法性、合理性，接受社会角色的过程。说服是德育的重要途径和方法，实质是助人自尊、自主、自立、自强。

从德育的目的看，只有通过说服才能培养知情意行和谐统一、自由而全面发展的人。只有喻之以理、晓之以义、动之以情、导之以行的方式，才能使受教育者服从和实践人类真、善、美的价值。

灌输是重要的教育方式。但是，如果未经充分理解而盲从，受教育者不仅不能积极主动地接受影响，不能真正理解教育内容，更不能生成必要的"情"（同情心、尊严感、幸福感、羞耻感等道德感情），有效的"意"（道德责任、道德意志、道德策略），自然不会有"行"，所谓"强令之笑而不乐，强令之哭而不悲；强令之为道也，可以成小，而不可以成大"。灌输而缺乏说服的方法往往使受教育者囫囵吞枣，食而不化地记住某些道德律令，却不能积极地指导和约束他的行为，甚至，这还会成为阳奉阴违、口是心非、弄虚作假的小人。

奖惩是有效的强化手段。但是，如果奖惩未经说服而被正确理解，如果不把行为建立在相应的思想、感情和自觉意识的基础上，所谓道德行为是机械的，没有生命力的，在奖惩强化下塑造的行为动机可能是追名逐利。

灌输、奖惩等德育方法只有与说服方法相结合才能发挥积极作用。

从德育过程双方平等对话关系看，说服是恰当的互动和影响方式。德育活动主体间是平等、民主关系，要求我们工作的方式应以说服为主。社会主义人和人的平等关系决定德育过程中人和人的平等关系，平等关系不能施行压服、制服和驯服，这些是社会管理的必要手段，而不是德育的有益方法，古人说："教之不刑。"（《学记》）德育必须用说服的方式，以科学的知识武装人，以美好的理想鼓舞人，以高尚的感情感染人，简言之就是以理服人，而不是仗势欺人，以力压人，以利诱人。

古典的说服学思想把说方看成是主动的、能控制客方的，而客方则是听从的，现代说服学理论倾向于互动论，把说服过程理解为相互影响的过程。客方对主方的信息不是来而不往，而是选择、判断、回应的过程。近现代教育思想的重要成果是不再把受教育者当成被动接收者，而是当做有尊严的、积极主动的具体的人。现代哲学不再把接受者理解为客体，而是理解为主体，把主体之间关系理解为交互主体性，因此，德育过程的平等民主关系，要求说服者与听者之间积极互动，实现说者和听者之间主导作用和主体作用的辩证统一。

从德育内容与德育对象的建设性相互生成关系看，德育的说服方式是必要的、可行的。社会要说服其成员接受规范，承认其合法性、合理性、有效性，个体的生存和发展需要适应社会规则、认同文化价值。社会化与个性化，"自然的人化"与"人化的自然"是个体与社会文化互动同一过程的两个方面，接受理解说服是个体社会化的必由之路。我们的德育内容体现了人类的根本利益美好理想，又根植于现实社会生活，她是理想与现实的统一，是人类整体利益和个人利益的统一，我们的德育内容与德育对象之间不是对抗的关系，而是建设性的、相互依托、转化、生成的关系。我们的德育内容，具有超越现实的性质，不可能在个体的生长中自然发生，需要"求其放心"、"扩而充之"（《孟子》），"化性起伪"（《荀子》），移花接木，洗心革面，脱胎换骨。所谓"理不说不明，话不说不透"，只有通过说服，德育内容才能被对象接受和理解，只要说得入情入理，深入人心，就能赢得人心，从而帮助个体从狭隘经验和习惯行为中不断解放出来，实现生命的成长与升华。

影响说服者效果的第一个因素就是"谁说"，谁有资格说，也就是亚里士多德的"信誉手段"问题。"信誉手段"是指演说者本人的品质和素质所产生的说服力。亚里士多德说："演说假若能通过自己讲演使听众认为他是一个值得信赖的人,他便是在利用个人品质取得说服的成功。"亚里士多德认为演说者的个人品质是"最有效的说服手段",在三种说服手段中居首位的是"信誉手段"。"个人素质"首先是演说者的道德品质,它使听众感到他是一个有道德的好人,"人们通常更愿意相信好人——在发生意见分歧没有可靠依据可供判断时尤其如此。"其次是演说者本人的专长和经历,他的资历和修养能使人感到他有权威就某一问题发言。亚里士多德认为,信誉手段取决于演说者是否具备下列三个条件:明智、品德、善意。明智,是指演说者对所谈话题的判断能力;品德,就是演说这个人的道德品质;善意,指演说者对听众的态度。

孔子说:"先行其言,而后从之"。墨子指出,"务言而缓行,虽辩必所不听;多力而伐功,虽夯必不图。"孟子也指出:"仁言不如仁声之入人深也。"先哲们论述了说服活动中的至关重要的真实性和信誉问题,说服者言行是否一致,决定说服者是否可信。如果说服者自己说的是一套,做的是另一套,就不可能说服别人。在思想道德教育中最有说服力的就是说服者笃实躬行所建立的信誉。

现代说服学有一种"寻因理论",认为被说服者总是在寻找说服者的动机,"为什么说服我"、"为什么这样说",被说服者总是首先从动机上理解说服行为,据此判断说服的真实用意,是善意的还是恶意的,从而决定是服从还是拒绝。亚里士多德提出演说者的"善意"是信誉的三个条件之一,他说:"人们通常更愿意相信好人。""情感手段"指演说者调动听众的感情所产生的说服力,"人们在愉快和友好时做出的判断是不同于在烦恼和敌对时做出的判断","演说若能打动听众的感情,听众就能自己说服自己。"

因此，在说服过程中，首先要使接受者感受到你的善意和真诚，说服者要有成人之美之心、有道并行不悖的理念、和而不同的胸怀，求同存异的方法。说服的目的不是彼此争胜，而在于共同向善。善意是说服得以成功的先决条件，说服者应该坚持"己所不欲，毋施于人"，"己欲立而立人，己欲达而达人"的忠恕之道。孔子答"仁"，因对象不同而有不同的解答，要求说话要看对象，做到既不失人，又不失言。说服活动中，说服者必须了解你的说服对象，只有理解了说服对象，才能有恰当的说服策略。说明的前提是理解，理解的前提是倾听，倾听的前提是关怀他人、走进他人，向他人敞开心扉。把握说服对象，就要理解其需要和接受理解的方式，主动采取满足说服对象某种需要，适应其接受理解特点的说服方式。不能期望以说服对象所不能接受和理解的方式，求得说服对象的积极改变。

说服活动要因人施说，就要适应说服活动中的一般心理规律。现代说服学从心理学角度揭示了在说服活动中几个心理效应，说服过程要根据心理效应，有效控制说服过程，才能提高说服效率，达到预期的说服效果。寻因效应，被说服者在动机方面解释和理解说服活动，了解说服者的真实动机和用意。潜在效应，说服活动中说服发生影响可能在说服者的清醒意识中也可能对接受者发生潜移默化的影响。因此，在说服活动中说服者要淡化说服痕迹，增强说服技巧，采用中介策略、善于调动、控制和利用群体的相互作用，以达到"相观而善"的互动共鸣效果。

说服的效果不仅取决于"谁说"、"说谁"、"说什么"，也取决于"怎么说"。说服的方式是影响说服效果的关键因素，古人说，"修辞立其诚","不诚不足以化万物",所谓精诚所至,金石为开。庄子说:"不精不诚,不能动人。"精就是精心,精益求精;诚就是诚心诚意。精诚指真诚的说服态度,精当的说服方式,锲而不舍的说服过程。辩论是墨家的一大特色,其逻辑思想与亚里士多德的相媲美。《小取》篇阐述辩论的目的是"夫辩者,将以明是非之分,审治乱之纪,明同异之处,察名实之理,处利害,决嫌疑。"《非命》篇则提出判断标准"三表法",即"有本之者"(立论要有历史依据)、"有原之者"(立论要有现实证明)、"有用之者"(立论正确与否要看实际效果)。墨子常用的辩论的技巧有打比方、举例、援引对方、归谬法、举反例等。这些理论、策略、技巧对我们提高说服策略、技巧有很大的帮助。

总而言之,精诚的说服活动要有明确的目的,理解说服对象,喻之以理,晓之以义,动之以情,导之以行;要持之有据,言之有理,行之有效;要有理,有利,有节。说服方式要能打动人心,以理服人,就要做到有"理"——有道理,合情理,合逻辑;有"利"——说服有益于人,使人向善;有"礼"——待人以礼,合乎规范(礼之用,和为贵);有"力"——吸引力,感染力,鼓舞力,影响力;有"例"——事实胜于雄辩,有实例,有榜样。

说服活动能否进行、效果如何,受双方人际关系融洽程度的影响,"人之情不能乐其所不安,不能得其所不乐"。通过语言的合理沟通,把"独白"、"争辩"变成"对话",把说服双方的关系从"我—他"变为"我—你"关系,建立平等、民主、和谐、融洽的说服关系。古语说,亲其师,信其道,如果说服关系紧张甚至对立,说服就难以奏效。

建立理想的说服关系,首先要平等对话,要坚持双方的对称条件和互惠条件,做到"己所不欲,毋施于人","己欲立而立人,己欲达而达人";其次是将心比心,双方设身处地地相互理解;三是克服以自我为中心、唯我独尊,从不同的角度、用不同的方式观察问题,接受多样性,做到求同存异。

理想的说服对话关系,双方在人格上、权利上是平等的;在认识、道德上是需要互相交流、理解的。在说服活动中,不应存在说服者的话语霸权。许多现实的情况恰恰是这样:说者把听者当成训话的对象,从权力的角度把听者当成控制对象,从知识的角度把听者当成无知而需要自己灌输的人,从道德的角度则把听者当成有待自己雕琢的人。说服者好为人师,高高在上,自以为是,"目中无人",说尽管说,可听者可以不听,也可以装作听,说服效果可想而知。

建立平等的对话关系,说服者要首先成为听者,倾听才能打开被说者的"诉说",敞开心扉,彼此形成亲近的"我—你"关系,听者才能主动沟通,积极理解,也才能心悦诚服,见贤思齐,闻过则喜,过而能改。说服者也才能知己知彼,有的放矢,长善救失,教学相长,与听者形成息息相通,心心相印,形成"相看两不厌","我看青山多妩媚,料青山见我应如是"的莫逆关系。这样往往会产生"心有灵犀一点通"、"此时无声胜有声"的说服效果。

(原载《韶关学院学报(社会科学版)》2002年第10期)

立人之道：肢残大学生综合康复模式的构建与实践

1985年，滨州医学院创办了全国第一个专门招收残疾人学生的医学二系，开创了我国残疾人高等教育的先河，在国内外产生了广泛的影响。这一创举得到社会的广泛关注和高度评价，盛赞学校"办了天底下功德无量的大好事"。这一创举体现了我国在保障人权事业上的新成就，折射出东方文明古国迈向现代文明社会的伟大进程。二十多年来，学校坚持以人为本的办学理念，努力探索适合中国国情、满足社会需要的残疾人高等医学教育的新路子，探索形成了一条残健融合、教育与康复相结合的残疾人高等教育新模式，为广大残疾人健康成长、全面发展开拓了广阔的道路。

残疾人大学生的成长有自己的特殊需要和规律，他们的成长集中体现在长善与救失的结合、康复与成长的统一。教育与康复相结合，就是把教育过程和残疾人的康复过程结合起来，实现康复与教育的互动融合。

一、肢体康复

（一）肢体和功能康复

学校重视残疾人学生肢体和功能康复，对每个学生进行查体，制定康复方案，利用附属医院的优势，学校设立康复基金提供经费支持，先后为200余名肢体残疾的学生实行了矫形手术和安装辅助支具，设立健身房、康复训练室，帮助学生康复锻炼，使他们的形体和功能都得到了较大改善，有的同学从爬着走到站起来，有的同学扔掉了相伴多年的拐杖，有的同学学会了骑自行车，他们不仅身体获得了解放，而且生活获得了尊严和自由。

（二）体育锻炼

开设残疾人适宜的体育课程，如乒乓球、羽毛球、气功、瑜伽、坐式排球等，组织残疾人趣味运动会，培养了学生体育爱好和运动技能，增强了参与合作意识。开发竞技体育项目，积极参加竞技体育比赛，每年的学校运动会都为残疾人设立比赛项目，每个学生都能有适合参加的项目，开幕式上当残疾人运动员自信地列队入场时，总是得到最热烈的欢迎。学生参加历届山东省残疾人运动会，项目包括田径、游泳、举重、坐式排球等，都取得优异成绩。竞技体育提高了学生的运动潜能，增强了学生的竞争意识和勇气，极大地提高了他们的社会参与能力和信心。

（三）个性化康复计划

为每个在校学生制定日常康复锻炼计划，提供必要锻炼设备和设施。体育锻炼成为学生生活中的最大爱好和习惯，提高了学生体质和健康，丰富了学生的生活，增加了学生参与社会的机会，生活领域更加广阔，生活内容更加丰富。

二、心理康复

（一）以培养健康自我意识作为核心

心理康复不仅是要解决心理问题，而且要发展积极心理品质。残疾人大学生心理问题的核心是由于自身残疾和社会的消极影响，形成了自卑、自怨、自弃的消极自我。针对残疾人大学生的主要心理问题，把培养健康自我意识作为核心，以营造尊重人的教育环境为基础，注重教育环境和校园生活的潜在育人效应；以德育为导向，发挥科学理性和人文价值的引导作用；以自我教育为中介，综合运用教育、训练、咨询和治疗等手段，发挥系统的专业心理干预的关键作用；在活动中塑造积极的行为方式，实现生成健康人格的目的。

（二）以积极心理学为指导

积极心理学把研究自己的研究重点放在人自身的积极因素方面，主张心理学要以拥有的实际和潜在的具有建设性的力量、美德和善端为出发点，提倡用一种积极的心态对人的许多心理现象（包括心理问题）作出新的解释，从而激发人自身内在的积极力量和优秀品质，并利用这些积极力量和优秀品质来帮助普通人或具有一定天赋的人最大限度地挖掘自己的潜力并获得良好的生活。积极心理学既是人类心理经验的有效的解释理论，也是指导人类社会美好生活的有效的文化建构。积极心理学为残疾人心理教育跳出旧模式，建构新模式提供了最好的观察视角，新的解释理论和新的干预方式。积极心理学启发我们，对残疾学生的自卑感，既不能压抑，也不能无视，而要探索自卑转化为追求超越的内在机制，把压力转化为积极的行动策略，把残疾学生的丰富经历转化为挖掘人生意义的心理资源，把缺陷和劣势转化为发展的优势，引导学生积极面对残疾，积极面对偏见，积极面对挑战，积极面对挫折，珍爱自我，珍视关怀，坚信天生我材必有用，不信春风唤不回，自强不息，弘毅精进，长善救失，树立积极的人生态度，培养积极乐观的心理品质，形成积极的行为方式，提高生活和学习发展的效能与质量，促进健全人格的发展。

（三）全面系统的心理康复

通过心理教育、训练、咨询、治疗等全面系统的心理干预，促进残疾学生的康复、成长和发展。通过心理学知识的学习，提高自我理解和调节能力。以学习阿德勒、马斯洛等人本主义心理学为重点，激发残疾学生的人格理想。学习心理学知识注重以理化情，即用心理学理论解读自己的生命体验，释放压抑的情绪，思考"自己何以如此"；因理生情，即把心理学理论内化为自己的经验，思考"理想的人格应如何"；以理导行，即用心理学理论和方法指导自我调节和行为，努力去实现理想的自己。通过心理训练包括自信心训练，共情和人际交往技能训练，创新思维的开发训练，提高自我调控能力和适应能力。针对学习障碍、社交恐惧、焦虑和自卑症，通过咨询和治疗，提高心理健康水平。通过丰富多样的心理教育，促进学生的心理健康状况显著改善,自信、乐观、合作、宽容等积极心理素质显著增强。

三、社会康复

社会康复就是从由于残疾导致的封闭、排斥和低层次的社会生活层面,走向积极开放、广泛参与和丰富多彩的社会生活。提高残疾人的社会适应能力,进而提高其社会化水平是提高残疾人回归社会生活的根本性措施。残疾是复杂的生理、社会和文化现象,残疾人的社会适应状况及其结构、影响因素等方面呈现鲜明的群体特征,作为被社会文化标识的特殊群体,其社会化和发展过程面临不同于健全人的社会与文化环境,提高其社会适应能力必须创新和实践有针对的教育模式。影响残疾人大学生社会适应的关键因素是健康的自我形象、积极的社会态度、扎实的专业能力和灵活有效的自我调节能力,健康的自我形象是前提,职业能力是社会适应的核心,积极的态度是基础,自我调节能力是关键。提高残疾人大学生社会适应能力必须融合专业教育、素质教育和心理教育,从自我改变、教育塑造、环境营造几个层面,对认知、态度、行为进行全面影响

(一)倡导和谐理念提高学生参与意愿

倡导尊重和理解残疾人的人文环境,弘扬人道主义,举行各种助残活动,全校师生关心、支持残疾人,营造接纳残疾人的社会环境,构建师生之间的真诚关系,唤醒和激发学生的生命尊严,提高

学生的凝聚力和归属感,增强学生的主体意识,增强了学生参与意识、合作意识、竞争意识、创新意识和奉献精神。让残疾人大学生自如地融入到每一个地方,自然而然地抬起头,在成长路上昂然前行,积极投身丰富的大学生活。

(二)开展社会实践活动,提高参与能力

鼓励学生积极参加校内外的文体和社会活动,设立合唱团参加校内外演出,暑期社会调查走进残疾人家庭,为盲童送爱心等;鼓励和指导学生做家教,学生走进家庭、社会、历史,参与面得到拓展。通过设立"教师访谈"、成立手语协会、成立辅仁社团、拓展与国内外学生交流等举措,交往层次深化。丰富而深入的交往活动促进学生勇敢地从单一、封闭的自我世界走向宽广的社会。注重在活动中树立学生的社会形象,引导学生感受和发现新的自我:文体活动中,感受乐观向上、敢于竞争的形象;社会实践活动中,感受自信的积极建设者形象;外事活动中,塑造残疾学生不卑不亢、自豪开放的形象;宣传报道中,感受和塑造自强形象。在丰富的社会实践中,学生的现实自我与理想自我、社会自我与自我形象逐步同一,在适应社会过程中,实现从"旧我"到"新我"的不断超越。

(三)培养职业能力,提高社会竞争力

职业能力是社会适应能力的核心,是残疾人大学生参与社会竞争的核心能力。构建适合残疾学生身心特点、符合专业要求和社会需要的人才培养模式,是提高学生社会适应能力的根本。完善残健融合的育人模式——更充分地融合、更充分地照顾群体与个性特点;实施专业教育中的个别化方案,强化适宜学科的学习,提高学生的竞争力；创新就业工作机制，设立"学士后工作站"，开展就业建立扶助残疾人的社会支持体系，为学生健康成长提供保障。

四、立人之道——综合康复模式的成果与思考

教育的目的在于发展人、解放人、成就人。教育的作用在于激励自立自强，康复的作用在于辅助自立自强。教育与康复相结合育人模式为残疾人铺就健康成长之路。

（一）实践成果

优质教育保障了残疾青年的教育权利，提高了残疾青年的生命价值和尊严，促进了大学和谐校园建设，发挥了大学引领社会文明的积极作用，开辟了我国残疾人高等教育的新境界。广大残疾人大学生自强不息、奋发成才，先后有来自全国15个省市的1000名残疾人大学生顺利完成学业，成为医疗、科研等领域的骨干力量。他们中有190人考取研究生，108人加入中国共产党，76人受到省级以上奖励，涌现出"全国自强模范"韩芳，全国"五一劳动奖章"获得者、"人民的好医生"曾吾德，"全国三好学生"任乐，"山东省十大优秀学生"殷兆方等一批优秀人才。残疾人高等教育为社会主义和谐社会作出了积极贡献。中国残疾人联合会主席邓朴方说："滨州医学院在国内首先提出创办残疾人高等医学教育，培养的学生非常出色，这是我们的骄傲！"学校被社会誉为"人道主义的一面旗帜"，先后被中宣部等八部委授予"全国扶残助残先进集体"

称号，教育部等部门表彰为"全国特殊教育先进单位"等称号，医学二系党支部被山东省委表彰为"先进基层党组织"。

（二）研究成果

学校完成全国教育科学规划课题"残疾人大学生心理健康教育研究"，成果获得山东省高校首届思想教育创新奖；完成中国残联规划课题"残疾人社会适应能力的培养研究：以残疾人大学生为例"。实践创新与学术研究相结合，使教育康复相结合的育人模式不断完善，对残疾人教育的规律认识不断深化。

教育与康复相结合是滨州医学院残疾人教育的一条重要的经验，也是残疾人教育的特殊规律。我们有以下几点结论：

1. 康复是一个综合的过程。肢体、心理、社会康复是相互融合、促进的统一过程。肢体康复在于立其"形"，心理康复在于立其"志"，社会康复在于立其"能"。肢体康复是基础和前提，心理康复是核心和中介，社会康复是根本和目的，它们互相包含、融合、促进、转化，共同促成整个人的改变与生活方式的改变。教育与康复相结合的实质就是全人教育即全面素质教育，促进学生的健康成长、和谐发展。

2. 康复是一个持续的过程。康复过程伴随残疾人大学生的成长，康复需要、康复内容、康复手段都在变化和深化，这个过程是提升生活质量、改变生存方式、增强生命尊严的过程。

3. 康复需要知识、社会、文化、物质的综合保障。康复需要观念的支撑、科学的指导、物质的保障，尤其综合康复必须有以人为本的价值观、完整的生命观、和谐的教育观、系统的方法论。

4. 校园是综合康复的理想环境，这是走向社会环境的过度和准备。大学校园是残疾人大学生成长的理想环境,在这里他们必须学会迎接社会的挑战,既要有参与社会主流生活的勇气与信心,又要有力争上游的能力与实力。

(本文为2010年"残疾预防国际学术研讨会暨中国残疾人事业发展论坛"主报告)

培育大学文化的实践与思考

高校在本质上说是文化组织,传承和繁荣文化是其重要职能。从文化的角度看到高等教育是新的视角,能获得更全面深刻的理解;从文化的层面筹划高校发展是新的路径,将打开新的空间与前景。发挥高校文化引领已成为高校发展的新理念、新战略,这体现对教育规律的认识深化与文化自觉。近几年,学校提出实施文化引领事业发展的系统规划,特教学院提高特色与文化意识,对残疾人教育的人文价值倍加珍惜,精心培育,不断升华,残疾人教育成为彰显学校以人为本理念、提升大学人文关怀和树立大学形象的宝贵资源,焕发出更加灿烂的人文光辉,创新实践深化了我们对大学文化培育规律的认识。

一、提高文化自觉 明确合理定位

文化的本质是人的自我理解和创化,贵在自觉。我们要充分认识文化之于大学的根本意义，认识文化在加强大学内涵建设、促进科学发展中的关键作用，认识残疾人教育的人文本性，认识残疾人教育人文价值对于医科大学文化培育的基础作用，把握残疾人教育对于滨医的特殊意义——发挥残疾人教育丰富滨医精神内涵的载体作用，发挥残疾人教育培育仁爱精神的滋养源作用，发挥残疾人教育弘扬创新精神的试验田作用，倡导和谐文化理念发挥对社会文明的引领作用。

二、提高精神境界，丰富文化内涵

（一）践行和诠释"仁心妙术"校训精神。

事业是文化的载体，实践是文化的源泉，生活是文化的根基，大学文化最直接、最生动、最有说服力的存在方式就在我们立身处世之中。我们本着对残疾人学生高看一眼，对残疾人教育厚爱一分感情，秉持"为学生健康成长提供优质教育，为学校科学发展配置人文资源，为社会文明进步倡导和谐理念"的理念，着力完善培养模式、提高育人质量，创新实践体现和升华残疾人教育所蕴涵的"关怀、责任、创新"育人文化，彰显"以人为本"办学育人理念，现实滨医人有教无类的情怀和因材施教的智慧，丰富"艰苦奋斗、求真务实、开拓创新"滨医精神。完善残健融合培养模式，丰富参加融合内容和方式，把残健融合的现实生活开发为人道主义教育过程，把残疾人教育建设成为学校人文教育、生命教育、自强教育的"乡土教材"，大家深切地感受到，残健融合所描绘的和谐画卷，闪耀人性光辉,是最自然而深刻的生命教育过程,成为学校人文教育的"校本课程"。

(二)培育二系人弘毅精进品格。

实施"铸魂工程",引领学生健康成长。加强理想信念用中国特色社会主义理论和社会主义核心价值体系武装学生,奠定科学世界观、人生观、价值观基础;开展生命主题教育系列活动,增强生命意识,奠定医学生职业道德、职业态度、职业价值观基础,提高学生关爱病人、尊重他人、尊重生命的职业操守。以"能吃苦、能忍耐、能创造、能奉献"的工作,培育学生"自强不息、乐观进取"的品格。注重在每年的新生入学开展校史、系史教育,通过《往届生寄语》《飞吧,鸽子》《弘毅人间——优秀学生事迹选》等书籍对学生进行宣传教育,培育学生的认同感和自豪感,树立乐观进取的群体形象。倡导尊重理解残疾人的风尚,倡导和谐文明的理念,建立扶助残疾人的社会支持体系,为学生健康成长提供保障,引导学生学会感恩、学会负责、学会合作、学会创造。

同时,注重部门文化塑造,丰富部门文化形象。发挥校报、校园电台、电视台、网络、宣传栏、电子显示屏等校内媒体和平台的文化建设宣传的主渠道作用,扩大二系影响。

(三)设计特色品牌文化活动,展现人文新光彩。

以促进学生全面发展为目标,努力活跃校园文化活动,创造品牌文化活动。(1)"尊重生命"主题系列教育活动,发挥资源优势,启迪大家思考生命、关怀生命、担当生命。(2)手语教育与社团活动,成为有社会意义的文化社团,引导大家关心弱势群体,理解人的多样性。(3)精心设计、悉心指导开展经典诵读(逐年读《论语》

《道德经》《孙子》)通读、诵读、精读,心得交流、座谈、报告,丰富多彩,深受学生喜爱,文化滋养学生心灵,提升学生精神境界,成为有文化含量的传统项目。(4)建立"原山集团"残疾人大学生见习实习基地,听全国自强模范孙建博报告成为感受齐鲁文化、领悟创业精神的难忘之旅。(5)"杰出残疾人"校园行活动,每年请一位杰出残疾人来校交流,成为有思想震撼力的文化活动。(6)"辅仁"社团自我教育服务活动,成为团结和服务全校残疾人的"自立立人"的社团。(7)策划编辑出版《追梦——残疾人大学生创业案例集》,力争成为大学生创业教育教材。(8)编辑系报《足音》,使之成为学习二系文化的阵地。(9)教师访谈活动,是人生真谛的探寻,人际交往的锻炼,提出"为滨医树象　为人生立标",已采访二十多人,要求每个学生采访一名老师,要走进老师心灵,感受滨医精神,领悟成功之道,启迪自己成长。

三、几点思考与认识

高校大学文化建设从大的方面说包括学校层面、院系层面,包括文化培育和文化育人两个层次。在特教学院开展学院层面文化工作的过程中,对学校层面的文化工作,我们有以下认识:

(一)文化是完整的精神生命,要形成良性生态,"有源、有本、有魂、有形、有名",主体是育人文化,大学特别要树立名师风范、培育名师文化。我们开展读经典是为了理解文化源头、理解民族传统、理解普遍价值,这一点高校普遍做得不够。我们开展教师访谈活动，正是为了挖掘滨医深厚的精神源泉，树立滨医人的文化形象。

（二）大学文化"建设"不像器物的塑造与工程的建设，更像生命的培育，要做到：虚心学习，博采众长，兼收并蓄，把优秀文化内到生命中，身体力行展现在一言一行中；悉心培育，注重培育土壤、细心呵护、精心浇灌、顺势利导，文化建设不能搞大跃进、大呼隆；潜心创造，静下心来读书，沉下心来思考，独立思考，和而不同，勇于创造。

（三）医科大学要注重仁爱文化的研究与弘扬。仁爱文化有以下几个特点：医学人文的本性，教育的根本要求，齐鲁文化的丰厚底蕴，现代文明的主流意识，我校大学文化建设要突出仁爱文化，这是优势所在、特色所在、趋势所在，而残疾人教育正是仁爱文化的源头活水，怎能不珍爱！特教学院要培育仁爱文化为主题，建设大学生人文素质教育基地。

（四）对学生的人文教育要注意以下几点：文化教育必须与学生的心理需要、精神需要、发展需要相契合，做到内外相谐、互动共鸣，这样的教育才能"感人深"；文化教育必须与学生的经验世界相适合，做到情理融合，这样的教育才能情理交融，才能"化人速"；文化教育必须与学生的实际生活实践相融合，解决他们的实际问题、指导他们的现实生活，这样的教育才能"知行合一"。

（2010年6月）

培育仁爱情怀，弘扬自强精神

近几年,学校提出实施文化引领事业发展的战略规划,特教学院提高文化自觉与特色意识,对残疾人教育的人文价值备加珍惜,精心培育,不断升华,凝练升华育人文化,深化拓展文化育人,特色优质教育结出丰收成果,残疾人教育成为彰显学校以人为本理念、提升大学人文关怀和树立大学形象的宝贵资源,焕发出更加灿烂的人文光辉。

一、提高大学文化自觉,明确特色教育的文化定位

从根本上说,教育是文化存在、文化活动。高校在本质上说是文化组织,传承和繁荣文化是其重要职能。从文化的角度看到高等教育是新的视角,能获得更全面深刻的理解;从文化的层面筹划高校发展是新的路径,将打开新的空间与前景。充分发挥文化育

人作用,是对教育规律认识的深化,发挥高校文化引领已成为高校发展的新理念、新战略。文化的本质是人的自我理解和创化,贵在自觉。充分认识文化之于大学的根本意义,认识文化在加强大学内涵建设、促进科学发展中的关键作用,明确特色教育的文化定位,挖掘残疾人教育的文化内涵,塑造残疾人教育的文化品格。

(一)提高文化自觉,明确特色教育的文化定位。以文化的视角,深刻认识残疾人教育人文价值对于医科大学文化培育的特殊作用,把握残疾人教育对于滨医的特殊意义。残疾人教育是"仁心妙术"的校训的生动体现,是滨医精神的集中展现,彰显人本、责任、创新的大学文化,学校勇担社会责任,开创了我国残疾人高等教育先河,推动了社会文明进步,提升了大学在引领社会文明进步中的责任意识。医学二系的创办是大胆的创举,创办过程所体现的独辟蹊径、敢为人先的精神,升华了滨医精神,树立了社会主义大学勇于承担社会责任的社会形象。学校努力探索适合中国国情、满足社会需要的残疾人高等医学教育模式,探索形成了一条残健融合、教育与康复相结合的残疾人高等教育新路子,开辟了我国残疾人高等教育的新境界,培育和丰富了创新文化。学校以残疾人教育为载体培育了关爱生命、关爱社会、关爱人类的人文情怀,对学校育人工作发生了广泛、深刻而持久的影响,残疾人教育成为学校仁爱教育的"校本课程"。

(二)丰富内涵,把握残疾人教育的文化目标。"仁心妙术"的校训深刻而凝练地标示滨医的大学文化特质和追求,彰显医学教育的人文本质和科学精神。学校大学文化建设突出仁爱文化,这是优势所在、特色所在、趋势所在,仁爱文化体现医学学科的人文本性，符合大学教育的根本要求，源于齐鲁文化的丰厚底蕴，适应现代文明的主流意识。学校通过"树魂、塑形、植根、显效"，通过育人理念体现"仁爱"精神、课堂教学贯穿"仁爱"精神、主题教育活动渗透"仁爱"精神、社会实践教学践行"仁爱"精神，将"仁爱"文化精神融入学校教育、管理、服务的各个环节，化为师生的精神气质，实现了内化感悟、心灵洗礼、素养提升、气质彰显的显著成效，为培育德医双馨人才提供了文化资源、动力和保障。残疾人教育正是仁爱文化的源头活水，把握残疾人教育的人文定向，发挥残疾人教育丰富滨医精神内涵的载体作用，发挥残疾人教育培育仁爱精神的滋养源作用，发挥残疾人教育弘扬创新精神的试验田作用，倡导和谐文化理念发挥对社会文明的引领作用。

（三）确立"弘毅精进"的文化品格。事业是文化的载体，实践是文化的源泉，生活是文化的根基，大学文化最直接、最生动、最有说服力的存在方式就在我们立身处世之中，事业发展、日常工作彰显弘毅精进品格。学校本着对残疾人学生的厚爱与关心，秉持"为学生健康成长提供优质教育，为学校科学发展配置人文资源，为社会文明进步倡导和谐理念"的理念，着力完善培养模式、提高育人质量，"人道、创新、超越"的部门文化升华残疾人教育所蕴涵的"关怀、责任、创新"育人文化，以"能吃苦、能忍耐、能创造、能奉献"的工作作风丰富"艰苦奋斗、求真务实、开拓创新"滨医精神。

我们践行"仁心妙术"校训，培养具有弘毅精进文化品格的优秀人才。以"仁心妙术"为核心理念的大学校园文化，帮助和熏陶医学生树立坚定的理想信念，增强他们献身医学的使命感和责任感。弘毅就是勇担生命道义责任，有坚定的理想信念、坚韧不拔的意志、坚持不懈的努力,精进就是精益求精,业精于勤、奋进不息,弘毅精进是感恩情怀、责任意识、奉献精神、创业能力。为仁由己,只有弘毅,才能兴仁;业精于勤,只有精进,才臻妙境。弘毅精进品格是践行仁心妙术精神的必然要求,也是实现仁心妙术的自然结果。弘毅精进对残疾人而言有更特别的意义,他们可能面对更多的困难、挫折和偏见,需要有更积极的心态、思维和行动,积极面对生活,勇敢面对挑战,长善救失,扬长避短,和谐发展,必须培养弘毅精进品格。

二、构建文化育人格局,培育学生积极品格

通过感受与领会、挖掘与传承、典范与经典、传播与升华等环节确立"弘毅精进"人格理想,树立人格榜样,丰富人格内涵,砥砺文化品格,学生逐步形成特色鲜明的乐观进取群体形象。

(一)实施"铸魂工程",科学理念引领学生健康成长。加强理想信念教育,用中国特色社会主义理论和社会主义核心价值体系武装学生,奠定科学世界观、人生观、价值观基础,坚定对中国特色社会主义的信心,坚信天生我材必有用,不信春风唤不回,树立社会理想、人生理想、职业理想和学术抱负;开展生命主题教育系列活动,正确面对残疾,树立科学的现代文明社会的残疾人观,增强生命意识,发挥资源优势,启迪大家思考生命、关怀生命、担当生命,奠定医学生职业道德、职业态度、职业价值观基础,提高学生关爱病人、尊重他人、尊重生命的职业操守,为弘毅精进的人生奠定

价值基础和明确方向。

（二）开展"我的二系"系列活动，提高弘毅精进品格感染力和认同感。注重在每年的新生入学开展校史、系史教育，持续深入开展"二系精神"大讨论活动，通过阅读特教学院编辑的《往届生寄语》《飞吧，鸽子》《弘毅人间——优秀学生事迹选》等书籍对学生进行教育，树立残疾人大学大学生乐观进取的群体形象，培育学生的文化认同感和自豪感，启发学生文化自觉、激励文化人格理想，为培育学生弘毅精进品格提供丰富感性滋养。

（三）开展教师访谈活动，传承滨医精神，提高心灵理解力。教师访谈活动既是人生真谛的探寻，也是人际交往的锻炼，更是滨医文化和精神的挖掘和传承。活动以"为滨医树象　为人生立标"为目标，已采访二十多人，要求每个学生采访一名老师，要走进老师心灵，感受滨医精神，领悟成功之道，启迪自己成长。特教学院连续多年开展"名师访谈"活动，通过学生"主动走出去"方式寻找优质教育资源，加强了师生的互动交流，增进了师生感情，更好地挖掘和利用了教师的学习经验和人生经历，拓展了素质教育新途径，有效提升了素质教育活动的质量和效。"名师访谈""办公室助理流动工作站"等以"主动走出去，寻找身边优质教育资源"为活动理念的形式，深受广大师生认可和欢迎。

（四）策划"杰出残疾人"校园行活动，榜样激发人格理想，提高人格感召力。每年请一位杰出残疾人来校交流，成为有思想震撼力的文化活动。学院主动走出去，先后邀请了奥运会冠军吕晓磊、亚洲第一位盲人医科博士李雁雁等数位知名残疾人士，与特教学院学生交流活动，通过近距离感触杰出残疾人士的成才经历，为广大残疾学生树立了榜样,增强了学生对自强不息精神的理解。以"全国三好学生"任乐等优秀学生为典型,以张海迪和校友韩芳等杰出残疾人为榜样,引导学生正确对待自身残疾,教育学生学会面对挫折与偏见,学会理解和宽容,培养学生的参与意识、竞争精神,为学生树立科学、积极、健康的人生态度奠定基础。

(五)开展经典诵读活动,为学生提供文化积淀,提高文化滋养支撑力。精心设计、悉心指导经典诵读(逐年读《论语》《道德经》《孙子》)、通读、精读,以及心得交流、座谈、报告等丰富多彩的活动,以传统文化滋养学生心灵,提升学生精神境界,成为有文化含量的传统项目,深受学生喜爱。

通过成立"辅仁社团",在残疾学生中建立了广泛的联系,指导社团组织开展了"诵读论语"、"论语书法大赛"等一系列活动,并将学生读书心得整理成《我读论语》小册子。深入学习传统文化,让学生更深刻地理解"仁心妙术"的校训内涵,吸收民族文化精华,切实提高内在素质与修养,丰富精神世界,形成正确的世界观、人生观、价值观,营造丰富、鲜明、和谐的校园文化环境。

(六)主体教育和社会实践活动,提高学生社会适应能力,砥砺文化品格,树立人格形象。围绕仁爱精神弘毅品格,先后开展和突出"体验成长"、"走向成熟"、"大医精诚"、"设计人生,奉献社会"等为主题的教育活动。"你我的滨医,共同的家园"主题教育活动,以创建文明校园、和谐校园为目标,着重指导学生增强自我认知能力和适应环境、创造环境的能力,培育大境界,拓展大视野,培养学生的仁爱精神和品格;"诚信人生,和谐校园"主题教育,以帮助学生养成"诚信待人、诚信做事、诚信学习、诚信立身"的良好个性品质，形成具有我校特色的诚信、仁爱教育体系为重点，在全校树立良好的学风和校风；"感恩·责任·奋斗"主题教育活动则以培养学生的感恩意识、责任意识、奋斗意识为核心内容，通过培养学生感恩父母、感恩他人、感恩学校、感恩社会的情感，进而培养强烈的社会责任感和仁爱精神，全面提高学生的道德品质和学校的文化品位。

手语教育与社团活动，成为有社会意义的文化社团，引导大家关心弱势群体，理解人的多样性。在学院指导下，特教学院学生会成立了手语社团，并在全校开展了手语教学活动，多次组织开展了"走进聋哑学校"、"手语文化宣传周"、"手语舞大赛"、"手语国际夏令营"等志愿服务和文化娱乐活动，通过和聋人朋友交流和服务加深了对聋人文化的了解，同时在团队素质拓展活动中得到了学习和锻炼，重新认识了自我，建立了自信。

设立"原山集团"残疾人大学生见习实习基地，听全国自强模范孙建博报告，成为感受齐鲁文化、领悟创业精神的文化基地。在社会生活中，增强服务意识，培养学生全面参与社会的意识和能力，在社会交往中提高自信、确立群体形象。

（七）丰富多彩的校园文化活动提高文化感染力，培育人文教育资源。完善残健融合培养模式，丰富参加融合内容和方式，把残健融合的现实生活开发为人道主义教育过程，把残疾人教育建设成为学校人文教育、生命教育、自强教育的"乡土教材"，残健融合所描绘的和谐画卷，闪耀人性光辉，是最自然而深刻的生命教育过程，成为学校人文教育的"校本课程"。

三、展现文化魅力,深化规律认识

生生不息、薪火相传的滨医仁爱文化、弘毅精进的文化品格,培养出了一大批富有"仁心妙术"精神的高素质医学人才,残疾人大教育以质量优异、特色鲜明而广受赞誉,残疾人大学生以敬业精神、合作意识强而受到欢迎,在他们中涌现出全国大学生自强之星(提名奖)刘永康等优秀代表,他们以弘毅精进的品格成为弘扬自强不息精神、倡导和谐文明理念的文化种子。

特教学院组织"优秀残疾大学生事迹报告团",先后在烟台和滨州两地中小学、大中专院校开展了"感恩奋斗"系列励志报告活动达六场,听众过万人,《齐鲁晚报》《烟台晚报》和烟台电视台等数十家知名媒体网站对我校优秀残疾大学生事迹和2006级毕业生就业考研情况进行报道,产生了广泛的社会反响。"感恩奋斗"系列励志报告活动,创新了残疾大学生"自立立人、自助助人"自我教育的新模式,探索了用先进的大学文化服务社会、引领社会的新形式和渠道,树立了大学的文化形象。

在文化育人创新实践过程中,我们大学文化建设和育人有以下认识:

1. 文化是完整的精神生命,要形成良性生态,"有源、有本、有魂、有形、有名",主体是育人文化,大学特别要树立名师风范、培育名师文化。我们开展读经典是为了理解文化源头、理解民族传统、理解普遍价值,这一点高校普遍做得不够。我们开展教师访谈活动,正是为了挖掘滨医深厚的精神源泉,树立滨医人的文化形象。

2. 大学文化"建设"不像器物的塑造与工程的建设,更像生命的培育,要做到:虚心学习,博采众长,兼收并蓄,把优秀文化内到生命中,身体力行展现在一言一行中;悉心培育,注重培育土壤、细心呵护、精心浇灌、顺势利导,文化建设不能搞大跃进、大呼隆;潜心创造,静下心来读书,沉下心来思考,独立思考,和而不同,勇于创造。

3. 对学生的人文教育要注意以下几点:文化教育必须与学生的心理需要、精神需要、发展需要相契合,做到内外相谐、互动共鸣,这样的教育才能"感人深";文化教育必须与学生的经验世界相适合,做到情理融合,这样的教育才能情理交融,才能"化人速";文化教育必须与学生的实际生活实践相融合,解决他们的实际问题、指导他们的现实生活,这样的教育才能"知行合一"。

(2011 年 8 月)

第三篇　理 性 思 考

加快发展我国残疾人高等教育的思考

改革开放以来,我国各类残疾人教育得到了很大发展,残疾儿童入学率有了很大提高,残疾人高等教育也得到了发展。1985年,山东滨州医学院创办了我国第一个残疾人大学本科专业——残疾人临床医学系。之后,长春大学(1987)、天津理工学院(1997)、北京联合大学(1998)相继创办了特教院系,招收肢残、盲、聋哑学生。专业包括临床医学、盲人按摩、机械制造、计算机应用、工艺美术、音乐表演等。与此同时,残疾人还参加了各种形式的成人高等教育,黄河科技大学等民办的残疾人高等教育也应运而生。截至1998年,全国普通高校录取残疾学生14475人,特殊高等教育院系录取近2000人,残疾人高等教育依托普通高等教育,残健结合实施一体化教育,设置适合残疾人特点的专业,教学质量不断提高,培养了一批合格的建设人才,走出了一条适合国情特点、符合世界残疾人教育一体化趋势的办学路子,在国内外产生了广泛的影响。我国残疾人高等教育的发展生动地说明,残疾人有接受高等教育的需求和能力,残疾人经过特殊教育同样能成为社会主义事业的建设者。提高残疾人教育水平对于提高其素质及参与社会生活的能力和生命质量有决定作用,发展残疾人高等教育对于社会、残疾人和高校都有重要意义。

我国的残疾人高等教育当前还处于起步阶段,规模很小,结构单一,办学条件不完善,发展仍然严重滞后。"九五"期间是我国高等教育快速发展的时期,高等教育大众化特征已初步显现,2001年,全国高校招生245万,但是,残疾人被录取到普通高校和高等特殊教育院系的仅为2751人,残疾青年入学率不到健全人的1/40。可见残疾人接受高等教育的机会还很少,残疾人高等教育与高等教育总体发展水平极不均衡,不能满足广大残疾人生存和发展的需要,不适应我国经济和社会发展的客观要求。在发达国家,政府制定特殊保护法律和政策,残疾人接受高等教育的机会大大增加,残疾人特殊高等教育与普通高等教育同步发展,例如,美国残疾人高等教育入学率已达46%,法国有残疾大学生10万人之多。在智利这样的发展中国家,残疾人高等教育入学率已达到5.3%,这个比例虽然只是健全人的1/3,但是在实现残疾人平等教育权上是显著的进步。显然,我国残疾人高等教育要实现与高等教育同发展,任重而道远。

我国经济社会发展的现实和残疾人面临的严峻挑战,要求积极发展残疾人高等教育。在我国建立社会主义市场经济过程中,残疾人参与社会生活竞争的劣势更加明显;在科学技术日新月异,知识经济迅速崛起,经济全球化竞争加剧的形势下,残疾人由于自身缺陷限制和整体素质相对较低,面临更大的挑战;我国实施科教兴国战略，提高全体人民的整体素质已成为"第一要务"，残疾人全面提高素质的任务更加迫切；提高残疾人素质根本在教育，而高等教育的快速发展又进一步拉大了残疾人教育水平与健全人的距离；与此同时，全面建设小康社会、加快现代化建设的新阶段，广大残疾人追求平等、参与、共享的愿望越来越强烈，接受高等教育是他们进入小康社会后更普遍的要求，残疾人基础教育的长足发展，也为高等教育提供了更多的生源。所有这一切，都要求加快发展残疾人高等教育。总之保障残疾人平等分享高等教育大众化的内在要求，发展残疾人高等教育是我国经济发展和社会文明进步必然趋势。残疾人高等教育必将成为高等教育发展的新的增长点，残疾人未来发展的新目标。

发展残疾人高等教育，首先要解决认识问题，全面认识残疾人高等教育的必要性、可能性和迫切性。我国发展残疾人高等教育的政治、社会经济条件已具备，而陈旧观念已成为发展的主要障碍。歧视残疾人的观念使人们认为残疾人没有能力接受高等教育，市场化观念又使人们认为残疾人接受高等教育成本太高，效益太低。因此，必须在现代文明社会残疾人观和高等教育大众化时代新的高等教育观基础上，认识残疾人高等教育。马克思指出，教育是"人类发展的正常条件"和每一个公民的"真正利益"。对残疾人来说，教育是残疾人自立的根基，实现发展和解放的必由之路；残疾人同样有人的价值和尊严，有接受高等教育的需要和能力，残疾人能以他们适应的方式接受教育，绝大多数通过特殊教育在许多方面可以达到健全人的发展水平，身心机能的代偿机制和多元化智能理论，说明残疾人发展的巨大潜能，是机会剥夺和方式不适应造成了残疾人的发展障碍;对残疾人教育提供补偿是政府和社会的责任,为残疾人接受高等教育创造平等的机会和提供特殊扶助,是政府维护社会公平,合理开发残疾人智力资源必须付出的社会"成本";残疾人受教育水平已成为社会文明和教育发展水平的重要标志,残疾人高等教育状况是教育结构合理和均衡发展的重要指标;社会主义国家更应该解决好残疾人教育问题,依法保障残疾人的高等教育权;在高等教育大众化时代,要树立新的高等教育质量观、人才观、发展观,接纳残疾人并提供适宜的教育是高校的崇高义务,是高校文明的具体体现,营造助残自强的环境对于高校建设校园文明、发展先进文化有重要意义。

其次,要完善立法,明确政府责任和高校的权利与义务,为残疾人高等教育发展提供应有的法律保障和政策支持。我国《宪法》《教育法》《残疾人保障法》和《残疾人教育条例》等有关法律法规,对残疾人享有平等的教育权提供了基本保障。法规不完善和有法不依的现象还存在,尽管近几年上线考生的录取率达到95%,但是,2001年仍有300名上线考生未能录取,同时高分低录、录非所选的现象普遍存在,其实质是对残疾人的歧视。必须根据社会发展的实际,进一步修改和完善有关法律。在与残疾人教育有关的法律中,要明确残疾人的优先权,制定更详细的标准和细则,明确奖惩措施以及政府承担保障残疾人高等教育权利的最终责任,政府要把残疾人高等教育纳入教育发展计划,列入议事日程和考核指标,制定发展目标、政策和措施;加大投入建立对特殊高等教育的保障、补偿和奖励机制,调动地方政府和高校的积极性;制定鼓励社会投资和资助残疾人高等教育的政策,形成以政府投资为主体、多元发展的格局;修改高考体检标准,放宽残疾人的限制;针对残疾大学生特殊困难的实际,实施特殊的学习援助,完善对残疾大学生的资助体系,加强就业指导和服务,实行学业证书和职业资格证书相结合的"双证制";加强对特殊高等教育的管理,指导和评估,制定专业建设和教师队伍建设的规划,扩大高校专业设置的自主权,规范招生。明确高校接纳残疾人的权利和义务,明确奖惩措施。加大宣传,提高残疾人依法争取自身权益的意识,发挥各级残联代表、管理和服务残疾人的职能作用,维护残疾人接受高等教育的合法权益;加强社会宣传和舆论监督,树立自强和自学典型,营造有利于残疾人高等教育的社会环境

再次,坚持一体化的办学模式,扩大规模,拓展专业,提高层次。滨州医学院的办学实践,创造了适当集中、分散就读、有同有别、有分有合的"趋于一体的模式",这种模式适合我国高校的实际,顺应世界残疾人教育一体化的方向,适应残疾人身心特点和学习生活的特殊要求,有利于学校安排教学和管理,有利于集中建设和设置适宜的环境、实施节省成本,提高使用效率,有利于残疾人融入社会,有利于形成办学特色、探索育人规律、产生社会影响。在我国教育资源十分短缺的情况下,完全一体化是不现实的,而独立创办特教学院的隔离式教育,弊端甚多,国际社会不主张采取。国家重点支持、集中发展现有的特教学院,发展规模效益。同时鼓励其他高校创办新的特教学院。根据市场需要和残疾人身心特点,拓展新的专业,要注意发挥残疾人的比较优势,有利于残疾人终身学习和可持续发展;实时发展残疾人研究生教育,现在我国有十几位残疾人在国外就读研究生,我国残疾人高等教育的科学建

设，已基本达到研究生水平；现代信息技术为开发残疾人资源、解放残疾人创造了美好前景，加强残疾大学生信息技术教育，运用远程教育，满足残疾学生个别化的教育需要；坚持教育和康复相结合，学校教育和社会教育相结合，全面推进素质教育，促进残疾人高等教育快速、健康发展。

（原载《中国残疾人》2003年第1期）

韩国特殊教育的概况及思考

为加强与国外特殊教育界的交流，了解国外特殊教育的发展状况和理念，搞好残疾人教育事业，学习借鉴先进经验，应韩国江南大学的邀请，我随中国教育学会特殊教育分会、中国高等教育学会特殊教育研究分会韩国特殊教育考察团，于2006年6月参观、考察了韩国11所特殊教育机构。其中，高等教育学校1所、职业教育机构1所、研究机构1所、初等教育学校8所。7所初等教育学校中，有1所聋校、1所盲人职业教育机构，其余为精神发育障碍、语言障碍、情绪障碍（含孤独症）的综合类特殊教育学校和肢体障碍专门学校。

一、韩国的特殊教育概况

此次通过对韩国国立、公立、私立等不同形式，招收各类残疾儿童学校的考察,对韩国特殊教育概况、政策、体制、理念等有了比较全面的了解。

1. 韩国的残疾分类:视觉障碍、听觉障碍、学习障碍、精神发育障碍、语言障碍、健康障碍、情绪障碍(含孤独症)、肢体障碍八类。

2. 特殊教育机构:韩国的第一所特殊教育学校建于日本殖民时期的1913年,1945年独立后改为国立学校。韩国共141所特殊学校,其中国立5所,公立15所,其他为私立学校。在校学生数2.3万人(含幼儿园、小学、初中、高中)。还有在一般学校4433个班随班就读的学生2.8万人。韩国共有在校特殊学生5.1万人。残疾学生占880万幼儿、中小学学生总数的0.6%,特殊教育实现了普及的目标。国家有一所特殊人学院"韩国康复福祉大学",通过特别考试单独录取招收盲、聋、肢残学生。韩国残疾人教育从幼儿教育到高等教育已经形成完整的体系,以提高教育质量和促进就业为重点,注重推进残健融合、教育和社会的融合。

3. 法律保证特殊教育的发展

韩国特殊教育的真正发展是在1977年国家颁布施行特殊教育促进法后,此项法律规定政府每年3%的教育经费必须用于特殊教育,要求从幼儿园到高中全部免费,规定特教教师必须有专门的资格证。这为特殊教育的发展提供了有利的法律保障和经费支持。

国家将教育经费的3%投入给了仅占全国学生总数0.6%的特殊学生。就参观的学生数均在250左右的学校的私立、公立、国立学校来看,其经费每年在34亿至64亿韩币。依靠法律保障经费投入，每个残疾人儿童人均经费达到健全孩子的5倍，政府对达到质量要求的国立、公立、私立给予同样的待遇，不同形式的特殊学校投入经费和教师待遇相当，调动了社会组织投资特殊教育的积极性，促进特殊教育办学形式多样化发展，实现了特殊教育的较快普及，保障了残疾人享有平等的教育权利，促进特殊教育体系的不断丰富完善。1988年汉城残奥会后，人们对残疾人的观念发生了根本变化，政府增加了投入，社会更主动地接纳残疾人，家庭也不再羞于带残疾孩子进入社会，而是重视残疾孩子的教育、康复和培训，特殊教育发展的社会文化环境越来越好。

4. 高质量的师资队伍。教育质量的关键在于师资，韩国高等学校的特殊教育专业和特殊教育研究机构着力于师资的培训、特殊教育理论研究和各国特殊教育的交流。他们既重视师资的学历提高，又重视能力培养和职业资格认定。

5. 以人为本的教育理念和一流的办学条件。韩国特殊教育学校从学校设计到办学理念、校园文化，无不体现对残疾儿童的周到考虑和关怀。相对充足的经费保障学校设施一流，使其与社区普通学校相比往往更胜一筹，教育资源的开放，成为吸引社区和普通学校支持的有利条件，为实现残健融合、学校与社区融合创造了条件。

6. 个性化的办学理念和丰富的校园文化。如同每所学校都有自己的建筑风格一样，所考察学校有明确的个性化办学理念，每个学校都形成自己的办学特色，以多样化实现特殊教育残健融合的发展趋势。学校以校花、校树体现校园文化独特的精神品质。

7. 实施小班化教育，每个儿童充分享有人文和生命关怀。韩国对特殊学校的班额有严格规定,随着特教发展班额更趋小型化,这为照顾残疾儿童的特殊需要提供了保障。

8. 特殊教育是全社会的工作,特殊教育是一种特殊的服务,是社会性的服务。义工、志愿者积极支持,形成了全社会对残疾儿童的关注。真诚服务的义工和志愿者队伍体现社会对残疾儿童的重视,形成了教师、辅助教师、义工、志愿者相结合的教育服务力量,残疾儿童学习、生活、康复、娱乐都得到很好的照顾,师生关系和谐融洽,校园气氛其乐融融。

9. 特殊教育的社会化、多元化。韩国的特殊教育已形成了庞大的网络。特殊教育融于普通教育,仅设在普通学校的特教班就有4433个;韩国的特殊教育民间力量扮演着重要角色,使韩国的特殊教育形成一个开放的、社会化的特殊教育。

二、启示与思考

考察使我们对较发达国家的特殊教育发展有了直观的认识,对中国特殊教育发展有了深刻思考和启示:

1. 完善的法律的支持是特殊教育发展的保障。特殊教育是一个国家经济实力、科技水平与文明程度的综合体现。它的发展尤其需要政府的支持和法律的保障,需要进一步完善和修改现有的法律法规,同时制定既有操作性有又权威性的规定。要通过国家政策的制定和调节理顺特殊教育的规划、发展和管理机制,特别是要在各级教育主管部门设有相应的机构,加强对特殊教育宏观发展及政策的研究、办学规模及教育教学标准的制定、资金投入和筹措等方面工作的协调和管理,促进特殊教育整个体系的健康快速发展。

2. 充足的经费投入是发展的基础。目前,中国的特殊性教育经费短缺已严重制约着特殊教育的发展。特殊教育的发展必须跟上国家整个教育发展的步伐,否则,新世纪国家普通教育逐渐进入大众化发展阶段,国家残疾人事业加快发展的要求和目标就不能实现。

3. 提高全社会的特教认识水平。特殊教育发展的关键所在,需要政府教育主管部门认识的到位、政策的支持和工作的得力,需要学校在办学中的积极努力和高质量的教育教学作为后盾,同时也需要全社会的关注与支持,几方面的努力都不可缺少,但关键在领导。特别是基层的各级教育行政领导,他们的认识水平和重视程度,直接影响着特殊教育的发展。要提高领导干部对特殊教育的认识,关键在加强学习,转变观念和深入基层。最终形成全社会人人关心特殊教育的理想局面。

(原载《现代特殊教育》2007年2期)

试论科学的残疾人就业观

我国残疾人就业工作在创造历史性成就的进程中,积累了丰富的实践经验,深化了社会对残疾人就业问题的认识。社会对残疾人的就业需要和权利有了更深入的理解,对残疾人的劳动潜力有了进一步的发现,对保障残疾人就业的重要意义有了较全面的认识,对政府负有保障和促进残疾人就业的责任有了更明确的意识,科学的残疾人就业观在实践中逐步孕育成熟,为正确认识和解决残疾人就业问题,指导残疾人就业工作提供了认识基础。

科学的残疾人就业观的思想基础是马克思主义关于劳动和人的全面发展学说、现代文明社会的残疾人观,国外残疾人就业的理论和实践也为其提供了有益借鉴。科学的残疾人劳动就业观正确地说明了残疾人的劳动就业权利、就业能力、就业价值、社会责任以及社会补偿和保障的合理性等问题,从理论上论证了保障残疾人就业的必要性、重要性和可能性。

一、残疾人拥有平等的劳动权利

残疾人是在心理、生理、人体结构上,某种组织功能丧失后或者不正常,全部或部分丧失以正常方式从事某种活动的人。遗传、疾病、自然灾害、事故、战争和环境污染等自然和社会因素,对人的身心伤害是不可避免的。残疾人是人类延续和发展过程中不可避免要付出代价的承载者,我们对残疾现象的解释不仅要从个体的角度去理解偶然性,更要从人类社会整体的角度去理解它的必然性。残疾人由于身心结构或功能造成行为方式异于所谓正常方式,但并非异类、另类。残疾人是人类多样性和差异性的体现,社会不仅应接纳和理解残疾人,而且有责任给予必要的补偿。现代残疾人观对残疾现象的解释是结构论的,认为助残是社会的责任。马克思指出:"全部人类历史的第一个前提无疑是有生命的个体存在。"(《马克思恩格斯选集》第一卷,人民出版社1995年版,第67页)正是由于无数个体的存在才组成了社会。从缔结社会的意义上讲,每个个体的贡献是平等的,每一个残疾人作为组成人类的个体,对于社会同样有这种"前提性贡献"。残疾人有劳动就业的要求、实现自立的愿望,他们拥有平等的劳动就业权利。劳动就业首先是残疾人实现生存权的需要,劳动是创造人类社会物质和精神财富的源泉,就业是个体获得生活资料最重要的途径。劳动就业还是残疾人实现发展权的需要,劳动是人类的"本职"活动,是人基础性的存在方式,劳动不仅使人的体力和智力得到锻炼,而且使人结成更广泛的社会关系,人在劳动就业中实现生活世界的拓展和整体素质的提升,因此,劳动就业是残疾人融入社会主流、实现人的全面发展的必由之路。劳动就业也是残疾人追求有尊严的幸福生活的需要,劳动就业使残疾人以社会财富创造者的平等身份,有尊严和自信地参与社会生活,通过劳动创造更多价值和获得更多的享受资料,提高生命的质量。

随着社会发展和文明进步,残疾人日益觉醒,参与意识、平等观念、权利追求越来越强烈,对就业的要求越来越高。残疾人要求平等的就业机会,首先是参与机会平等,即在一个就业机会面前,残疾人有平等参与的权利,不能因残疾而被人为排斥;残疾人还要求共享机会的平等,由于社会工作方式、工作条件是以健全人方式设计的,有一些岗位残疾人无法适应,有一些需付出更大的努力和投入去适应,残疾人的机会相对健全人在起点上不均衡,对残疾人在共享机会上的短缺,社会应给予必要的补偿。残疾人有按贡献获得分配和得到照顾的权利。每个社会成员对社会的贡献是有差别的,根据社会成员的具体贡献进行有差别分配是公正的。与此同时,立足于社会的整体利益,对利益格局进行一次分配基础上的调整也是必要的,它有利于改善需要保护的社会成员的生活状况,增强其进一步发展的能力,进而使整个社会的普遍水平和发展能力得到提高。二次分配要注重公平,作为较少受惠的残疾人群体在就业二次分配中得到更多的照顾是合情合理的,这是维护社会公正必须付出的社会成本。

要维护残疾人就业权利,必须依靠法律。法律是现代社会保障残疾人劳动权利的根本措施。第二次世界大战以后,人们呼唤和平，要求人道，残疾人问题成为人权问题，引起国际社会的普遍关注。自70年代以来，联合国相继颁布了《禁止一切无视残疾人的社会条件的决议》《残疾人权利宣言》《关于残疾人的世界行动纲领》《残疾人机会均等标准规则》等一系列有关保障残疾人权利的文件，在保障残疾人拥有和普通公民同样的权利的同时，还规定残疾人享有社会福利权、社会救助权、社会保险权、社会优抚权等社会物质帮助权，特别是机会平等、身份平等的社会平等权。目前已有132个国家和地区制定了保障残疾人权益的法律。与此同时，残疾人日益觉醒，残疾人组织普遍建立，到六七十年代，残疾人工作发展到相当规模，残疾人组织在争取和维护自身利益中发挥了重要作用，形成了世界性残疾人运动。"平等、参与、共享"成为世界残疾人事业的总目标。国际劳工组织先后制定了保障残疾人就业的《残疾人职业康复建议书》(第99号建议书)、《残疾人职业康复和就业公约》(第159号公约)、《残疾人职业康复和就业建议书》(第168号建议书)，有三十多个国家制定了按配额安置残疾人的法规。联合国及国际劳工组织有关残疾人就业文件重申残疾人享有与其他公民平等的就业权利和同等机会，普遍规定给予残疾人以特别辅助、优惠政策和保护措施，这已成为各国的通行做法，例如美国规定给残疾人以优先权和资助。国际劳工大会公约中特别指出："为残疾人制定积极的特别措施，不应该认为是对其他人的歧视。"我国残疾人保障法明确规定："国家采取辅助方法和扶持措施，对残疾人给予特别扶助，减轻或者消除残疾影响和外界障碍，保障残疾人权利的实现。"

二、残疾人具有相应的劳动就业能力

残疾人拥有平等的劳动就业权利，而且有相应的劳动能力。就业能力是一种综合能力，不仅包括知识技能、体力、智力等方面，还包括意志、感情等非智力因素。就业能力以生理、心理等自然属性为基础，通过教育、培训和实践活动而形成发展。自身缺陷使残疾人的某些劳动就业能力受到限制和损害，但通过发挥其他的感觉、思维和运动器官的作用，调动人的代偿功能和潜能，扬长避短，可以使受限制和伤害的能力得到最大的弥补。从可能性看，残疾人能以适合自己的方式，参与社会劳动，适应绝大多数工作岗位的要求，达到与健全人相当的程度和水平。判断残疾人的劳动就业能力，应着眼于他能干什么，而不是不能干什么；应看他能以自己的方式干什么，而不是限于所谓的正常方式，这是认识残疾人就业能力的基本立场。对残疾人人力资源既要充分开发，又要合理利用；既要加强能力建设，又要突出机会补偿，这是我们对待残疾人就业能力的基本态度。无数残疾人劳动创业的生动事例，都说明残疾人同样可以成为社会物质财富和精神财富的创造者；各地保障残疾人就业的丰富经验，都说明开发和利用残疾人人力资源有利于经济和社会的协调发展。残疾人也越来越把增长和发挥自己的才能作为更重要的价值追求，开发残疾人人力资源能满足残疾人高层次需要。通过合理开发残疾人人力资源，为解决残疾人就业问题创造准备性条件，不仅是必要的，也是可能的。

就业能力是实现就业的最重要条件，对增加就业机会提高就业层次和收入水平有决定意义。在现实性上，残疾人的劳动就业能力处于相对低下状态，就业能力低是制约残疾人就业水平的内在主要因素。造成残疾人就业能力不足的主要原因是由于社会机会贫乏、教育机会贫乏和运用机会贫乏。在现代社会，教育是形成劳动就业能力素质的基础，培训是形成劳动技能的关键，教育和培训水平决定劳动就业能力。另一方面，或由于社会的限制和歧视，或由于偏见和善意的照顾，残疾人的劳动就业潜能没有充分运用的机会。机会和能力在残疾人身上不仅双重不足，而且恶性循环，叠加效应终于使残疾人成为就业的特殊困难群体，残疾人就业问题成为复杂的社会问题。因此，实现残疾人平等就业权利必须兼顾能力培养和机会补偿。当前要以机会补偿为主，努力增加就业岗位，确保与社会就业同步长远，要以能力建设为本，加强教育和培训，重视职业康复、职业发展，提高残疾人整体素质和就业能力。

合理开发利用残疾人人力资源，有减少社会保障福利投入、减轻社会负担和增加社会效率的双重意义。

三、政府负有保护残疾人就业的责任

在我国建立和完善社会主义市场经济过程中，市场机制在人力资源配置中越来越发挥基础性作用，残疾人就业顺应了向市场经济的转型，市场经济为广大残疾人平等参与社会生活提供了广阔的舞台，也为社会充分认识残疾人、破除社会偏见创造了条件。据统计，浙江省残疾人中拥有资产千万以上的有40多人,百万以上的则多达200多人,这组数据生动地说明,市场经济有利于残疾人创造和实现价值。残疾人通过市场机制就业,能实现自主择业,培养自主精神、开拓意识和创造力,真正实现自立自强和以平等身份充分参与社会生活的目的。市场经济充分体现和证明了残疾人的劳动价值和能力。市场机制促使残疾人合理分化,能竞争的则进入竞争性领域,不能竞争的则进入保护性领域。一方面,市场经济公平竞争有利于一部分残疾人实现平等权利,另一方面,由于残疾人在整体上劳动就业能力相对不足,广大残疾人处于市场竞争的弱势地位,实现平等权利遇到挑战和困难,对政府的就业保护提出更高的要求。

市场经济以效益最大化为原则,是能力经济,天然地优胜劣汰,由于自身缺陷和社会障碍,残疾人的劳动能力和就业机会处于相对低下和短缺状态,因此,残疾人与健全人处在不同的竞争起点上,对于残疾人群体,完全的自由竞争,不仅是残酷的,不人道的,也是极不公平的,对于政府而言则是未尽维护、调节的社会职责。通过法律、法规、政策、制度和道义,给残疾人就业以特别保护和扶助,就成为市场机制下保障残疾人就业、体现市场经济公平竞争原则的必然要求,残疾人就业需要"在平等中注入些合理性,在效率中注入一些人道"。(阿瑟·奥肯著、陈涛译:《平等与效率:重大的抉择》,华夏出版社1987年版,第105页)对残疾人就业采取特别扶助,是维护社会公正的必要手段,并不意味着对其他群体的不公正。

残疾人就业要实现平等和效率的契合,要坚持以下四个原则:第一,平等原则,包括人格平等和机会平等,即每一个人与其他人都应有一种平等的权利。所有就业岗位向所有人开放,不能存在就业机会的限制和身份歧视。第二，补偿原则，即"为了平等地对待所有人，提供真正的同等机会，社会必须更多地注意那些天赋较低和处于较不利的社会地位的人们"（罗尔斯著、何怀宏译：《正义论》，第96页）。依据能力分配机会和依据贡献分配成果是公平合理的，对残疾人就业在能力、机会和分配上给予补偿也是必要的。第三，整体性原则，保障残疾人群体实际占有相应"份额"的就业资源。第四，比例原则，即"对于在所有的相关方面都相同的情况，必须同样地对待；对于在相关方面不相同的情况，必须不同地对待，且这种不同的对待要对应于相关的不同"（米尔恩著：《人的权利与人的多样性——人权哲学》，中国大百科全书出版社1995年版，第58页），比例原则要求给不同劳动就业能力的残疾人以区别对待。保护政策应与残疾人的劳动能力相匹配，既不能过度保护产生新的不公正和依赖，又不能过度竞争失去保护性就业的"托底"作用。

联合国《关于残疾人的世界行动纲领》指出，无论在什么地方，对残疾缺陷的条件进行弥补以及对致残后的种种后果进行处理的最终责任由各国政府承担。联合国系统关于残疾人十年的第七次会议报告中提出："各国要把残疾人就业问题作为首要问题考虑。"近十多年，各国解决残疾人就业问题的做法变化很大，残疾人求职更多地融入到竞争性的就业机制，更多地通过劳动市场实现就业。各国由于不同的经济、社会制度和文化背景，安排残疾人就业的方式不同，一些国家主要采用政策和教育的方法鼓励雇用残疾人（如新加坡），一些国家用法律强制执行（如日本），还有一些国家将这两种形式结合起来（如泰国）。有的国家以配额制为主（德国、日本等），也有的国家以兴办福利工厂为主（瑞典等），许多国家制定了奖励雇用残疾人和鼓励残疾人个体就业、创业的政策。

我国是社会主义国家,以人人平等为基本原则,更应该切实保障残疾人的平等劳动就业权利,不断提高残疾人就业水平和质量。要借鉴各国解决残疾人就业问题的有益经验,建立适应市场经济要求和残疾人特点的就业机制,这种就业机制要把市场机制的基础作用和保护政策的关键作用结合起来,把依法保障和支持性社会环境建设结合起来,把政府的主导作用和社会化助残结合起来,把残疾人就业能力建设和机会补偿结合起来,把就业和社会保障、职业保障、职业康复、职业发展结合起来,通过多样化的就业方式、多元化的保护措施,实现残疾人就业与社会的同步发展,保障残疾人的公民权利,促进残疾人的全面发展。

四、促进残疾人就业具有重要意义

保障和促进残疾人就业有重要的社会意义,国际社会认识残疾人就业问题发生着深刻变化,对我们全面理解残疾人就业的意义有借鉴作用。1955年,第38届国际劳工大会通过的第99号《残疾人职业康复建议书》,是国际劳工组织制定的第一个比较全面的残疾人就业文件,其对残疾人的定义是:"一切体力活思维能力减退,而确实很少有可能获得并保持一份工作的人。"1983年6月国际劳工组织大会通过了第159号《残疾人职业康复和就业公约》,该公约关于残疾人的定义是:"由于被正当承认的身体或精神上的损失,致使其获得或保持适当的工作并得以提升的前景大为降低的人。"从对残疾人定义的变化可以看出，国际社会对残疾人就业从关注有无工作到关注残疾人工作的质量和对人发展的意义。1989年8月，联合国专家会议提出《关于开发残疾人资源的塔林行动纲领》，把安置残疾人劳动就业提高到开发人力资源和潜能的高度，强调以立法的形势、积极的政策，增加残疾人就业机会，国际社会关于残疾人基业的基本观念，在人道主义、人权保障基础上向人力资源开发、自我实现方面丰富和发展。

我们认识残疾人就业的价值尺度时，应该高度重视人道主义尺度、人权保障尺度、人力资源尺度、人的全面发展尺度。认识残疾人就业的意义不仅要看其经济价值，还要看其社会意义；不仅要看其对残疾人生存和发展的个体意义，还要看对维护社会公正和稳定的整体意义；不仅要从促进经济和社会发展的角度去理解，还要从实践人道主义、促进文明进步的角度去理解。因此，保障和促进残疾人就业，我们必须坚持权利和义务的统一，维护公平和注重效率的统一，保障人权和实践人道主义的统一，人力资源开发和人的全面发展的统一。

残疾人拥有平等的劳动就业权利和相应的劳动就业能力；在市场经济条件下，残疾人在就业竞争中处于就业能力、就业机会和就业成本的弱势地位，政府必须给予残疾人就业以法律保障、行政保护、经济补偿、社会援助和道义支持；保障残疾人就业对于促进残疾人与社会的和谐发展有重要意义。这些基本认识和判断，构成科学的残疾人就业观的基础。

(原载《中国残疾人》2003年第11期)

残疾人劳动保障就业探讨

促进残疾人就业是我国面临的一个重大现实问题,也是一个世界性难题。

我国有6000万残疾人,占全国人口的5%,涉及20%的家庭和2亿多人口。处于就业年龄段、有劳动就业能力的残疾人为2400万,其中城镇426万,农村1974万。因此,保障和促进残疾人就业是我国全面建设小康社会面临的重大现实问题。

一、残疾人就业的发展现状

新中国成立后,党和政府重视残疾人劳动就业问题,采取各种措施,救贫济残,保障残疾人生活。逐步发展起来的残疾人组织帮助残疾人参加生产劳动。我国的残疾人事业初步形成了劳动福利型的发展模式。

改革开放以来,残疾人在经济、社会、文化各方面获得了新的解放。民主法制建设的不断加强,社会主义制度优越性的进一步发挥,为改善残疾人就业状况提供了政治保证。经济的持续、快速增长,市场经济体制的逐步建立,为残疾人施展才能、参与社会,提供了更多的机遇和广阔的空间。人们思想观念的深刻变化,人道主义思想和人权观念深入人心,使残疾人参与社会生活的外部环境日益改善。

随着我国劳动就业方针、政策、制度的不断完善,残疾人就业作为劳动就业总体中的特殊部分,进入一个全新的发展时期。残疾人就业由计划向市场导向机制转轨,就业方式从集中就业为主向多样化发展,促进就业手段从单纯依靠政策向法律、行政、经济、道义、教育等手段多元化发展,就业规模迅速扩大。

随着计划经济体制和传统就业观念的转变,越来越多的残疾人走上了个体劳动、个体经营的道路。据统计,"九五"期间,个体和自愿组织起来就业人数从10万猛增到138万。

国家为改善残疾人就业状况采取了一系列重大措施:《中华人民共和国宪法》(1982年)增加了残疾人同样享有公民权利的条款,颁布实施了《中华人民共和国残疾人保障法》和《残疾人教育条例》,各地相继出台了保护残疾人劳动权益的地方法规,残疾人就业有了法律保障,纳入了法制化轨道;从中央到地方建立了各级残疾人工作协调机构和残疾人组织,残疾人就业有了组织依托;国家制定实施了残疾人副业的三个五年计划和残疾人扶贫攻坚计划,残疾人就业纳入国家计划,成为社会发展目标,政府发挥了保障和促进残疾人就业的主导作用;我国积极响应《关于残疾人的世界行为纲领》,参加"联合国残疾人十年(1983—1992)"和"亚太残疾人十年(1985—2002)"计划,为积极借鉴国外解决残疾人就业问题的经验创造了条件,平等、参与、共享成为我国残疾人事业的目标。"九五"期间国家实施了一系列扶持残疾人个体就业政策,《个人所得税法》《营业税例》规定对残疾人减征、免征所得税和营业税,财政部、劳动保障部、国家工商局、中国残联下发了《关于积极扶持残疾人个人或自愿组织起来从事个体经营的通知》。据统计,2000年底,全国城镇就业残疾人达到331万,就业率80.7%,就业率显著提高(表一)。

表一 "九五"期间城镇三种就业形式安排残疾人就业情况

就业方式	1996年	1997年	1998年	1999年	2000年
集中就业	52.0	4.3	6.3	6.2	7.1
按比例就业	2.5	4.6	5.2	5.8	7.2
个体就业	8.5	7.1	13.2	13.9	12.6

二、转型过程中残疾人就业存在的主要问题

残疾人就业在适应经济转轨、社会转型过程中,一些深层次矛盾和问题逐步暴露出来:残疾人稳定就业和结构性失业的矛盾不可避免,新成长残疾人的就业和失业人员再就业问题相互交织;就业问题和社会保障问题相互关联、相互依托;农村残疾人脱贫困难加大和城镇残疾人就业压力增大同时出现;普及就业与规范就业、提高就业质量的矛盾开始显露。这些问题主要表现在以下几个

方面。

（一）残疾人就业与就业总体水平还有较大差距

残疾人就业与就业总体水平还有明显差距,就业现状不能满足残疾人普及、稳定、合理就业的需要。城镇有百万残疾人未实现就业,大批残疾人下岗、待业;农村还有近千万残疾人没有脱贫,占到全部贫困人口的1/3,已脱贫的还很不稳固,城乡残疾人就业体制不一,生活水平和整体状况差距较大;由于残疾人就业同整个社会经济发展有同构性,地区差异明显,东西部之间有较大差异,在东部一些沿海城市残疾人就业率达到90%以上,而西部一些地区和老工业区,残疾人就业率不足80%;不同类别残疾人之间就业也存在不平衡,弱智、精神残疾、盲人就业困难,这部分特别需要帮助的人缺乏特殊保护。

（二）残疾人就业相关法律、法规、政策亟待完善

我国实施的残疾人就业法律、法规、政策,与残疾人就业实际需要不适应的问题越来越突出,表现在法律政策缺乏约束性规定,落实不力,规定之间缺乏协调,造成矛盾,并还存在一些法律、政策的空白。

1. 福利企业优惠政策缺乏保护作用

对福利企业投资主体和经营范围的限制性政策,影响了集中就业的稳定和发展。按照1994年国家税务局《关于民政福利企业征收流转税的通知》,只有民政、乡镇、街道举办的福利企业才认定为福利企业,享受退税政策。在2002年的福利企业年检工作中,税务部门强调改制的福利企业必须民政占大股,才能退税免税,对一些地方的福利企业产生了较大冲击。不允许福利企业进入经营

性、服务性领域，使福利企业无法利用服务业发展的机遇，限制了福利企业的发展。

对福利企业中的"四残"职工认定标准不一致，严重影响了福利企业稳定。根据《社会福利企业招用残疾职工的暂行规定》（民政部[1989]福字 37 号文），残疾职工应包括智力残疾者。但是，近年来，国家税务总局在对残疾职工认定上只限于"四残"（盲、聋、哑及肢体残疾），将智力残疾排除在外，企业反响巨大，纷纷解除与智力残疾职工的劳动关系。

2. 按比例就业缺乏强制性规定

实施按比例就业已成为安排残疾人就业的主导形式，为保障残疾人就业发挥了重要作用。但是，由于规定缺乏强制措施，全面推行仍阻力重重，安排人数远未达到法定比例。除浙江省外，按比例就业尚未在乡镇推行，城乡二元体制已经阻碍了残疾人就业工作向前发展。实施按比例就业的行政执法主体不明确也严重影响工作开展。目前按比例就业主要靠各级残联的积极协调与争取，缺乏相应的权威性。残疾人就业的奖励和补偿机制尚未建立。

3. 灵活就业的政策支持不力

灵活就业是残疾人就业的重要形式，也是我国今后就业发展的主要方向。但是，残疾人开办小型企业和从事个体经济面临着不利的政策环境，在税收、信贷、场地、服务方面都存在着障碍和困难，一些优惠措施缺乏刚性规定，随意性大，相关政策明显滞后。残疾人适应市场变化的能力较差，技能水平不高，再加上缺资金、缺场地，大多从事传统经营项目的经营收益较低，可持续生计问题突出。该群体大都被排斥在现行社会保障体系之外，缺乏法律保护和政策支持。

(三)残疾人社会就业的社会环境亟须改善

由于对保障残疾人就业的意义和责任认识不到位,一些地方政策和领导对残疾人就业问题关注不够,没有充分发挥其保障残疾人就业的主导作用。对残疾人就业的服务意识和手段较差,残疾人就业工作层次较低,滞后于社会发展。

三、残疾人劳动保障型就业政策建议

(一)小康社会的残疾人就业

我国进入全面建设小康社会、加快推进社会主义现代化建设新的发展阶段。如何使残疾人在参与社会进步和发展中,获得更大的解放和分享更多的社会文明成果,是全面建设小康社会必须解决好的一个重要问题。广大残疾人的小康生活不可能靠社会给予,而要通过参与建设来分享创造成果,因此,比较充分的就业是残疾人实现小康生活的关键。在小康社会,不可能实行高福利的政策,劳动就业仍是残疾人收入的主要来源,是提高生活水平和实现其它权利的根本保障,也是残疾人融入社会,实现全面发展的主渠道。保障和促进残疾人就业,对于全面建设小康社会,实现残疾人与社会的和谐发展,具有重要的意义。

从全面建设小康社会的现实出发,我们把小康社会残疾人就业目标确立为:(1)尽快缩小差距,逐步实现与社会就业同步发展,在普及和稳定就业基础,逐步提高就业质量;(2)建立残疾人教育和培训体系，职业康复、职业培训和职业发展受到重视，残疾人就业能力和可持续发展的能力得到较大提高；(3)建立完善的残疾人就业法律政策体系和服务体系。

这里提出的劳动保障型就业，是指在社会主义市场经济条件下，依靠法律、行政、经济、文化、教育等支持性措施，通过建立竞争性就业和保护性就业相结合的机制实现残疾人充分就业的模式。劳动保障型就业的目的是，通过劳动就业实现残疾人整体状况的改善和与社会发展的同步，从根本上保障残疾人的公民权利，实现残疾人的全面发展，主要内容是"特殊保护，基本保障，全面发展"。一是政府通过法律、行政、教育、道德等措施保障实现残疾人平等就业权利，实施积极的就业政策和优惠政策调节市场供求，调动社会安排残疾人就业的积极性，通过行业保护、产品保护、购买岗位等形式实施保护性就业，建立残疾人就业的"托底机制"，营造残疾人就业的支持性环境；二是建立残疾人社会保障体系，通过社会保障调动残疾人劳动就业的积极性，为参与竞争创造条件，实现就业与劳动保障的良性互动；三是通过劳动就业促进残疾人回归和融入社会，真正实现其"公民地位"，跟上社会发展步伐，在创造价值中实现人的全面发展。

(二)建立残疾人劳动保障型就业模式的理论基础

我国残疾人就业工作在创造历史性成就的进程中，积累了丰富的实践经验，这成为科学残疾人就业观形成和发展的实践源泉。科学残疾人就业观的思想基础是马克思主义关于劳动和人的全面发展学说、现代文明社会的残疾人观，国外残疾人就业的理论和实践也为其提供了有益借鉴。

1. 残疾人拥有平等的劳动权利

残疾人是人类延续和发展过程中不可避免要付出代价的承载者。残疾人由于身心结构或功能造成行为方式异于所谓正常方式,但并非异类、另类。残疾人是人类多样性和差异性的体现,社会不仅应该接纳和理解残疾人,而且有责任给予必要的补偿。

残疾人要求平等的就业机会,首先是参与机会平等,即在一个或某个就业机会面前,残疾人有平等参与的权利,不能因残疾而被人为排斥;残疾人还有要求共享机会平等的权利,由于社会工作方式、工作条件是以健全人方式设计的,残疾人的机会相对健全人在起点上不均衡,对残疾人在共享机会上的短缺,社会应给予必要的补偿。残疾人有按贡献获得分配和得到照顾的权利。立足于社会的整体利益,对利益格局进行一次分配基础上的调整是必要的,它有利于改善需要保护的社会成员的生活状况,增强其进一步发展的能力,进而使整个社会的普遍水平和发展能力得到提高。作为较少受惠的残疾人群体在就业二次分配中得到更多的照顾是合情合理的,这是维护社会公正必须付出的社会成本。联合国及国际劳工组织有关残疾人就业文件重申残疾人享有与其他公民平等的就业权利和同等机会,普遍规定给予残疾人以特别辅助、优惠政策和保护措施。国际劳工大会公约中特别指出:"为残疾人制定积极的特别措施,不应该认为是对其他人的歧视"。我国残疾人保障法明确规定:"国家采取辅助方法和扶持措施,对残疾人给予特别扶助,减轻或者消除残疾影响和外界障碍,保障残疾人权利的实现"。

2. 残疾人具有相应的劳动就业能力

就业能力以人的生理、心理等自然属性为基础,通过教育、培训和实践活动而形成发展。自身缺陷使残疾人的某些劳动就业能力受到限制和损害,但通过发展其他感觉、思维和运动器官的作用,调动人的代偿功能和潜能,扬长避短,可以使受限制和伤害的能力得到最大的弥补。

判断残疾人的劳动就业能力,应着眼于他能干什么,而不是不能干什么;应看他能以自己的方式干什么,而不是限于所谓正常方式,这是认识残疾人就业能力的基本立场。对残疾人人力资源既要充分开发,又要合理利用;既要加强能力建设,又要突出机会补偿,这是我们对待残疾人就业能力的基本态度。因此,实现残疾人平等就业权利必须兼顾能力培养和机会补偿。当前要以机会补偿为主,努力增加就业岗位,确保与社会就业同步;长远要以能力建设为本,加强教育和培训,重视职业康复、职业发展,提高残疾人整体素质和就业能力。合理开发利用残疾人人力资源,有减少社会保障福利投入、减轻社会负担和增加社会效率的双重意义。

3. 政府负有保护残疾人就业的责任

在我国建立和完善社会主义市场经济过程中,市场机制在人力资源配置中越来越发挥基础性作用,残疾人就业顺应了向市场经济的转型。市场机制促使残疾人合理分化,能竞争的则进入竞争性领域,不能竞争的则进入保护性领域。一方面,市场经济公平竞争有利于一部分残疾人实现平等权利,另一方面由于残疾人在整体上劳动就业能力相对不足,广大残疾人处于市场竞争的弱势地位,实现平等权利遇到挑战和困难,对政府的就业保护提出了更高的要求。

市场经济以效益最大化为原则,是能力经济,天然地优胜劣汰，由于自身缺陷和社会障碍，残疾人的劳动能力和就业机会相对健全人处于相对低下和短缺状态，因此，残疾人与健全人处在不同的竞争起点上，对于残疾人群体，完全的自由竞争，不仅是残酷的、不人道的，也是极不公平的，对于政府而言则是未尽维护、调节的社会职责。通过法律、法规、政策、制度和道义，给残疾人就业以特别保护和扶助，就成为市场机制下保障残疾人就业、体现市场经济公平竞争原则的必要要求。

联合国《关于残疾人的世界行动纲领》指出，无论在什么地方，对残疾缺陷的条件进行弥补以及对致残后的种种后果进行处理的最终责任由各国政府承担。我国是社会主义国家，以人人平等为基本原则，更应该切实保障残疾人的平等劳动就业权利，不断提高残疾人就业水平和质量。要借鉴各国解决残疾人就业问题的有益经验，建立适应市场经济要求和残疾人特点的就业机制，这种就业机制要把市场机制的基础作用和保护政策的关键作用结合起来，把依法保障和支持性社会环境建设结合起来，把政府的主导作用和社会化助残结合起来，把残疾人就业能力建设和机会补偿结合起来，把就业和社会保障、职业康复、职业发展结合起来，通过多样化的就业方式和多元化的保护措施，实现残疾人就业与社会的同步发展，保障残疾人的公民权利，促进残疾人的全面发展。

（三）实施残疾人劳动保障型就业的建议

实施残疾人劳动保障型就业，关键是建立和完善特别保护就业与市场竞争就业的平衡机制；重点是抓住我国经济持续快速发展的有利时机，努力增加就业岗位；根本是大力发展残疾人教育和培训，全面提高残疾人素质和就业能力；基础是尽快完善残疾人就业的法律政策保障体系,援助体系和社会保障体系。

1. 建立和完善残疾人劳动就业权利

(1) 依法保障残疾人劳动就业权利。

第一,立法保障。要完善和补充残疾人保障法,同时制定详细的标准和细则,明确相应的责任。特别是当残疾人就业权利受到严重伤害时,法律应有可操作的条款,使伤害者承担相应的法律责任。

第二,行政保障。一要加强行政立法,制定《残疾人就业条例》,把法律规定的原则变成可操作的行政规章,规范残疾人就业工作;二要加大行政执法力度,对没有履行相应义务、侵害残疾人劳动权的用人单位,依法给予相应的行政处分和处罚。

第三,司法保障。加强对侵权行为的司法监督;对各种侵权行为进行实质性的司法干预,对违法行为进行相应的法律制裁。

(2) 实施促进和保护政策。政府通过税收、财政补贴等经济手段,刺激用人单位安排残疾人就业的需求,增加对残疾人就业各环节的支持。一是奖励政策;二是补偿政策,对于因残疾职工而影响效率、增加成本投入的用人单位给予补偿,对残疾人因能力原因造成效率低收入少,给予一定的收入补偿;三是惩罚政策。

(3) 扶持多渠道就业协调发展。调整政策,稳定集中就业。对福利企业要体现市场经济条件下竞争中的保护政策,一是从根本上扭转福利企业的经营状况,稳定残疾人集中就业;二是对企业的优惠要与残疾人的利益结合起来,支持改善劳动条件和待遇、加强教育和培训等;三是深化福利企业改革,调整和完善所有制结构,实现投资主体的社会化、多元化,开放并鼓励各类社会法人、自然人乃至外资兴办多种所有制性质的福利企业。允许政府兴办的福利企业转让、出租、承包给社会法人或自然人；四是拓展福利企业的经营范围，鼓励并创造各种必要条件，帮助残疾人从事商业贸易、餐饮、旅游、产品修理等各种第三产业，充分利用第三产业大发展的机遇，增加残疾人就业岗位；五是政府投资建立庇护工场安排弱智、精神残疾、多重残疾人等就业真正把最需要保护的人保护起来。可以通过专营、专产、政府采购等形式给以保护；六是加大对福利企业的投入，其中福利基金应成为一条重要的投资渠道。

完善法规，充分发挥按比例就业的主渠道作用。

制定优惠政策，促进残疾人灵活就业促进个体业向"可持续生计"发展。

加大对农村残疾人劳动就业的扶持。充分利用工业化、城市化、农业产化的历史机遇，逐步统筹城乡残疾人就业，发挥财政对农村残疾人的支持作用。适时推进乡镇企业和乡镇机构残疾人按比例就业，将残疾人就业纳入城镇建设，扶持农村残疾人在城镇从事服务业，创造条件实现农村劳动力向非农产业的转移。

2. 建立残疾人就业援助体系

建立和完善市场导向就业机制，要求对就业弱势群体建立相应的就业援助制度。建立残疾人就业援助体系，要从技术援助和社会援助两方面来进行。技术援助方面，建立规范化、科学化、信息化的就业服务体系，以就业服务促进就业。加强残疾人劳动就业能力的评估鉴定，是保证各项优惠政策公正的前提，也是合理利用残疾人人力资源的条件，随着残疾人就业工作向纵深发展，能力评估和职业鉴定越来越重要。社会援助方面，要建立政府责任体系,各级政府要将残疾人就业列为社会发展和工作考核目标,纳入重要议事日程。各级领导机关要依法履行安置残疾人就业的义务。同时,发挥非政府组织、残疾人组织的作用,利用广泛的社会资源支持残疾人就业,形成以政府为主导的社会化就业援助体系。动员全社会关心帮助残疾人就业,深入开展文化助残、科技助残、法律助残、志愿者助残等活动,给残疾人就业以行政援助、法律援助、经济援助、道义援助、舆论援助。

3. 建立残疾人社会保障体系

建立完整的社会保障体系,为残疾人就业提供稳定的保障基础。处理好促进就业与提高保障水平的关系,发挥社会保障在促进残疾人就业、促进劳动力流动、促进劳动者素质提高中的作用。在国家社会保障制度不断完善的过程中,要不失时机地大力推进残疾人社会保障体系建设,根据整个社会保障的发展情况和趋势,积极关注和及时解决残疾人社会保障问题,加大对残疾人社会保障的投入,制定更优惠的政策,使残疾人逐步享有基本的社会保障。

4. 加强能力建设,建立教育和培训制度

教育是残疾人在21世纪的立身之本,生存之基,提高残疾人教育水平是解决残疾人就业问题的根本措施。树立终生学习和素质教育的理念,加大对残疾人教育的投入,建立和完善残疾人职业教育体系,大力发展残疾人职业教育,扩大残疾人受高等教育机会,全面提高劳动者素质和就业能力,为解决残疾人就业问题创造准备性条件。形成教育和就业相结合的机制,以竞争意识、合作能力为重点,以爱岗敬业为核心,加强职业道德教育,加强信息技术教育。

5. 营造残疾人就业的支持性环境

道德是市场经济的支持性资源,是重要的调节手段。要运用各种宣传手段,给残疾人就业以舆论和道义的支持。在全社会大力弘扬社会主义人道主义,树立现代文明社会的残疾人观和新的劳动就业观,树立残疾人自强形象和助残典型,形成全社会理解、关心、帮助残疾人就业的社会风气,为残疾人营造充满关爱的人文环境。

保障和促进残疾人就业有重要的社会意义。国际社会认为残疾人就业问题发生了深刻变化,从关注残疾人有无工作,到关注工作的质量和残疾人的全面发展。1989年8月,联合国专家会议提出《关于开发残疾人资源的塔林行为纲领》,把安置残疾人劳动就业提高到开发人力资源和潜能的高度,强调以立法的形式、积极的政策,增加残疾人就业机会。国际社会关于残疾人就业的基本观念,在人道主义、人权保障基础上向人力资源开发、自我实现方面丰富和发展。

我们认识残疾人就业的价值尺度是:人道主义尺度、人权保障尺度、人力资源尺度、人的全面发展尺度。认识残疾人就业的意义,不仅要看其经济价值,还要看其社会意义;不仅要看其对残疾人生存和发展的个体意义,还要看对维护社会公正和稳定的整体意义;不仅要从促进经济和社会发展的角度去理解,还要从实践人道主义、促进文明进步的角度去理解。保障和促进残疾人就业,我们必须坚持权利和义务的统一,维护公平和注重效率的统一,保障人权和实践人道主义的统一,人力资源开发和人的全面发展的统一。

(原载《中国劳动》2003年第7期)

全面建设小康社会与残疾人就业

我国进入了全面建设小康社会新的发展阶段。全面建设小康社会,就是"全面建设惠及十几亿人口的更高水平的小康社会,使经济更加发展、民主更加健全、科教更加进步、文化更加繁荣、社会更加和谐、人民生活更加殷实"(江泽民在十六大上的报告)。全面建设小康社会应该惠及残疾人,使这个占人口总数5%的群体及其家庭,共享小康社会的物质、政治和精神文明。残疾人在小康社会的生活目标是,平等参与政治、经济和文化生活的权利得到切实尊重和保障;实现比较充分的就业;享有比较健全的社会保障;思想道德、科学文化、健康素质和参与生活的能力明显提高;摆脱贫困、生活安定,过上较富裕生活;生活环境更加文明。

一、全面建设小康社会残疾人就业的目标

残疾人的小康生活不可能全靠社会给予,而要通过参与建设

来创造并分享发展成果,因此,比较充分的就业是残疾人实现小康生活的关键。在小康社会,不太可能实行高福利的政策,劳动就业仍是残疾人收入的主要来源,是他们提高生活水平和实现其他权利的根本保障,也是残疾人融入社会、实现全面发展的主渠道。残疾人要在建设中通过就业创造更大的价值,实现更大的发展,获得更大的利益。

从全面建设小康社会的现实出发,我们把小康社会残疾人就业目标确立为:(1)尽快缩小差距,逐步实现与社会就业同步发展,在普及和稳定就业基础上,进一步拓宽就业领域,逐步提高就业质量,劳动收入不公平状况根本改观,收入差距明显缩小,劳动条件和工作环境有较大改善;(2)建立残疾人教育和培训体系,职业康复、职业培训和职业发展受到重视,残疾人就业能力和可持续发展能力得到较大提高;(3)建立完善的残疾人就业法律政策体系和服务体系。

二、残疾人就业面临的机遇与挑战

全面建设小康社会为提高残疾人就业水平创造了有利条件。民主法制和政治文明建设,为保障残疾人劳动就业权利提供了根本的政治和社会条件;国民经济的持续健康发展和经济实力的不断增强,为提高残疾人就业水平奠定了坚实的物质基础;就业作为民生之本成为社会发展的重要目标,国家实施的积极就业政策,为残疾人就业创造了良好的政策环境;科教兴国战略的全面实施,残疾人思想道德、科学文化和身体素质的提高,为全面参与社会生活准备了可能条件;社会对困难群体的积极关注,人权意识的普遍增强,社会文明的进步为残疾人就业营造了更好的环境。与此同时,和所有健全人一样,在小康社会残疾人的生活需要和追求也在不断提高,他们平等参与社会生活的愿望越来越强烈,创造价值的要求越来越高。

这一阶段我国将逐步形成和完善以劳动者自主就业为主导、以市场调节就业为基础、以政府促进就业为动力的就业机制,这为建立适应市场经济要求、适应残疾人特点的就业机制带来了历史机遇。

21世纪头20年,我国要建立和完善社会主义市场经济体制,推动经济战略性调整,基本实现工业化,大力推进信息化,加快现代化建设。这是我国向市场经济体制转变、实现经济增长方式转变和经济结构调整的关键时期,也是我国加入世界贸易组织后,在更大范围、更广领域、更高层次参与国际经济技术合作与竞争,融入世界经济的关键时期。经济发展和改革大局对残疾人就业制度、政策、方式都将产生深刻的影响,给残疾人就业带来严峻的挑战:

(1)劳动力供需矛盾和结构性矛盾长期存在,残疾人就业和再就业问题相互交织。据研究,今后20年间我国处在劳动力成长的高峰时期,每年新增劳动年龄人口近1000万,如果经济增长7%,每年新增的就业岗位只有800万,加上现有1750万下岗待业劳动力和农村1.5亿剩余劳动力,劳动力供需严重不平衡,就业岗位成为稀缺资源,竞争加剧,实现残疾人普遍和稳定就业困难加大。

(2)经济体制改革、经济增长方式转变和结构调整对劳动力素质和结构不断提出新要求,残疾人综合素质和劳动能力与市场要求不适应的矛盾更加尖锐,对就业保护提出更高要求。

(3)伴随工业化和城镇化进程,农业劳动力将出现大规模转移,农村残疾人在工业化、城镇化、农业产业化进程中的弱势地位更加明显,农村和城市残疾人就业困难同时存在。改革开放以来,我国已向非农领域转移2.1亿劳动力,今后20年我国要基本实现工业化,城镇人口的比例要有较大提高,大批农业劳动力将向非农领域转移,今后每年还要增加几百万,在这种背景下农村残疾人转移困难,继续从事一家一户的种养业则将面临更多难题。

(4)经济全球化和我国加入世界经济一体化进程,对就业产生重大影响,就业的替代效应在近10～20年会对我国相当一部分行业和企业造成冲击,创造效应则对劳动力的结构和质量提出更高要求。

(5)供需严重不平衡,使劳动者处于买方市场的不利地位,提高残疾人就业质量和保障残疾人合法权益遇到阻力。

(6)不容忽视的是,随着就业压力的增强和就业弱势群体的不断扩大,社会对残疾人就业困难的关注程度,以及相关优惠政策的扶持力度有可能减弱,支持残疾人就业的社会和心理环境也可能弱化。

三、实施残疾人劳动保障型就业的构想

面对严峻的就业形势,在残疾人就业与社会整体水平尚有差

距的现实基础上,要实现残疾人充分就业,必须不断进行政策创新和机制创新,实施劳动保障型就业,给残疾人就业以更有力的法律保护、更积极的政策支持和更有效的社会援助。

劳动保障型就业是在社会主义市场经济条件下,依靠法律、行政、经济、文化、教育等支持性措施,建立竞争性就业和保护性就业相结合的机制,实现残疾人充分就业的模式。劳动保障型就业的目的是,通过劳动就业实现残疾人整体状况的改善和与社会发展的同步,从根本上保障残疾人的公民权利,实现残疾人的全面发展,主要内容是"特殊保护,基本保障,全面发展":一是政府通过法律、行政、教育、道德等措施保障实现残疾人平等就业权利,实施积极的就业政策和优惠政策调节市场供求,调动社会安排残疾人就业的积极性,通过行业保护、产品保护、购买岗位等形式实施保护性就业,建立残疾人就业的"托底机制",营造残疾人就业的支持性环境;二是建立残疾人社会保障体系,通过社会保障调动残疾人劳动就业的积极性,为参与竞争和社会流动创造条件,实现就业与劳动保障的良性互动;三是通过劳动就业促进残疾人回归和融入社会,真正实现其"公民地位",跟上社会发展步伐,在创造价值中实现人的全面发展。

实施残疾人劳动保障型就业,关键是建立和完善特别保护就业与市场竞争就业的平衡机制;重点是抓住我国经济持续快速发展的有利时机,努力增加就业岗位;根本是大力发展残疾人教育和培训,全面提高残疾人素质和就业能力;基础是尽快完善残疾人就业的法律政策保障体系、援助体系和社会保障体系。

1. 建立和完善残疾人就业的法律、政策保障体系

(1) 依法保障残疾人劳动就业权利

第一,立法保障。我国的残疾人保障法对残疾人劳动就业权利已有规定,但是,对劳动就业各方面的权益还缺乏更细致的规定。要完善和补充残疾人保障法,同时制定详细的标准和细则,明确相应的责任。特别是当残疾人就业权利受到严重伤害时,法律应有可操作的条款,使伤害者承担相应的法律责任。

第二,行政保障。一要加强行政立法,制定《残疾人就业条例》,把法律规定的原则变成可操作的行政规章,规范残疾人就业工作;二要加大行政执法力度,对没有履行相应义务、侵害残疾人劳动权的用人单位,依法给予相应的行政处分和处罚。

第三,司法保障。加强对侵权行为的司法监督;对各种侵权行为进行实质性的司法干预,对违法行为进行相应的法律制裁。

(2) 实施促进和保护政策

政府通过税收、财政补贴等经济手段,刺激用人单位安排残疾人就业的需求,增加对残疾人就业各环节的支持。

第一,奖励政策。对于积极安排残疾人就业的用人单位,对创造工作业绩的残疾人,对服务残疾人就业的机构和个人给予奖励。

第二,补偿政策。对于因残疾职工而影响效率、增加成本投入的用人单位给予补偿,对残疾人为了工作而多增加的相应付出给予必要补偿,对残疾人因能力原因造成效率低、收入少,给予一定的收入补偿。

第三,惩罚政策。对不积极安排残疾人就业、不提供必要的帮助、不公正对待残疾职工的用人单位给以行政处罚。

(3) 扶持多渠道就业协调发展

调整政策,稳定集中就业。对福利企业要体现市场经济条件下竞争中的保护政策,一是国家对福利企业的优惠政策,必须调整到对企业利润的保证上来,从根本上扭转福利企业的经营状况,稳定残疾人集中就业;二是对企业的优惠要与残疾人的利益结合起来,支持改善劳动条件、待遇,加强教育、培训等;三是深化福利企业改革,调整和完善所有制结构,实现投资主体的社会化、多元化,开放并鼓励各类社会法人、自然人乃至外资兴办多种所有制性质的福利企业。允许政府兴办的福利企业转让、出租、承包给社会法人或自然人;四是拓展福利企业的经营范围,鼓励并创造各种必要条件,帮助残疾人从事商业贸易、餐饮、旅游、产品修理等各种第三产业,充分利用第三产业大发展的机遇,增加残疾人就业岗位,调整就业结构;五是政府投资建立庇护工场,安排弱智、精神残疾、多重残疾人等就业,真正把最需要保护的人保护起来。可以通过专营、专产、政府采购等形式给以保护;六是加大对福利企业的投入,其中福利基金应成为一条重要的投资渠道。

完善法规,充分发挥按比例就业的主渠道作用。全面推进分散按比例就业,要向乡镇延伸,逐步覆盖城乡残疾人;机关、团体、企事业用人单位应一视同仁,共同承担社会责任,政府机关、事业单位要安排符合条件的残疾人,特别是有学历的残疾人就业,为提高残疾人就业层次、平等参与竞争创造条件;各种所有制的企业都要公平履行安置残疾人就业的社会义务;要拓展就业保障金的使用范围,加大对残疾人教育的投入,加大对残疾人社会保障的投入,加强对落后地区特别是农村残疾人的扶持,逐步探索把保障金过渡到保障税。

制定优惠政策,促进残疾人灵活就业。政府有关部门要根据就业形势的发展,优化和细化扶持政策,加强对残疾人职业培训的投入和补贴,加强残疾人创业教育和创业指导与服务,促进个体创业向"可持续生计"发展。扩大对个体就业残疾人的优惠扶持政策的覆盖面,改变对个人从事商业经营的残疾人不予减免税的政策。利用加强城镇建设和社区建设的机遇,促进残疾人在社区就业。

消除残疾人在正规部门非正规就业的政策性、制度性限制,促进残疾人在正规部门的非正规就业,以分散就业、集中托管或创办残疾人劳务派遣公司的方式拓展在正规部门的就业,同时,在资金、信息、市场、培训等方面扶持残疾人创办非正规组织。

加大对农村残疾人劳动就业的扶持力度。充分利用工业化、城市化、农业产业化的历史机遇,逐步统筹城乡残疾人就业,发挥财政对农村残疾人的支持作用。坚持将残疾人扶贫开发纳入各级人民政府扶贫开发计划,统一安排,同步实施,并予以特别扶助;创办残疾人扶贫基地,以股份合作、松散经济联合体、依托种养大户等灵活多样的形式,带动、辐射残疾人发展高效农业;积极推行"到户到人"的开发式扶贫和参与式扶贫;加大财政对扶贫的投入,继续推行小额信贷,努力提高资金使用效益,在保障资金安全的前提下,简化程序,放宽条件,适当延长贷款期限;发挥社会主义制度的优势,动员社会各界"帮、包、带、扶",发挥城市对农村残疾人就业的带动作用;建立和完善农村残疾人服务体系,强化服务职能;适时推进乡镇企业和乡镇机构的残疾人按比例就业,将残疾人就业纳入城镇建设,扶持农村残疾人在城镇从事服务业,创造条件实现农村劳动力向非农产业的转移。

2. 建立残疾人就业援助体系

建立和完善市场导向就业机制,要求对就业弱势群体建立相应的就业援助制度。朱镕基总理在九届人大政府工作报告中强调,要对社会弱势群体进行就业援助。建立残疾人就业援助体系,要从技术援助和社会援助两方面来进行。

技术援助方面,建立规范化、科学化、信息化的就业服务体系,以就业服务促进就业。

加强残疾人劳动就业能力的评估鉴定,是保证各项优惠政策公正的前提,也是合理利用残疾人人力资源的条件,随着残疾人就业工作向纵深发展,能力评估和职业鉴定越来越重要。

社会援助方面,要建立政府责任体系,各级政府要将残疾人就业列为社会发展和工作考核目标,纳入重要议事日程。各级领导机关要依法履行安置残疾人就业的义务。同时,发挥非政府组织、残疾人组织的作用,利用广泛的社会资源支持残疾人就业,形成以政府为主导的社会化就业援助体系。动员全社会关心帮助残疾人就业,深入开展文化、科技、法律和志愿者助残等活动,给残疾人就业以行政、法律、经济、道义和舆论援助。

3. 建立残疾人社会保障体系

建立完整的社会保障体系,为残疾人就业提供稳定的保障基础。处理好促进就业与提高保障水平的关系,发挥社会保障在促进残疾人就业、促进劳动力流动、促进劳动者素质提高中的作用。

在国家社会保障制度不断完善的过程中,要不失时机地大力推进残疾人社会保障体系建设,根据整个社会保障的发展情况和趋势，积极关注和及时解决残疾人社会保障问题，加大对残疾人社会保障的投入，制定更优惠的政策，使残疾人逐步享有基本的社会保障，包括养老、失业、医疗等社会保险、救济、福利、优抚和社会救助等。《中国残疾人"十五"计划纲要》提出："城镇残疾职工依法参加社会保险，缴纳社会保险费，并按国家规定享受基本养老、基本医疗、失业、工伤保险待遇；个体就业和自愿组织起来就业的残疾人按省、自治区、直辖市人民政府规定参加社会保险；建立和完善社会医疗救助和社会救助等制度，帮助解决无业贫困残疾人的基本医疗和基本养老问题。"目前，我国现有社会保险所涵盖的对象，主要是"体制内"人员，众多"体制外"就业者无法参加社会保险，应该适应就业非正规化的发展趋势，制定相应的鼓励政策，对残疾人给予更加优惠的政策，尽快向全部劳动者覆盖。

4. 加强能力建设，建立教育和培训制度

教育是残疾人在 21 世纪的立身之本，生存之基，提高残疾人教育水平是解决残疾人就业问题的根本措施。不论从社会整体角度，还是从残疾人个体角度，残疾人教育投入有很高的收益率。

加大对残疾人教育的投入，建立和完善残疾人教育体系，大力发展残疾人职业教育，扩大残疾人受高等教育机会，全面提高劳动素质和就业能力，为解决残疾人就业问题创造准备性条件。形成教育、培训和就业相结合的机制。以竞争意识、合作能力为重点，以爱岗敬业为核心，加强职业道德教育。

加强信息技术教育。发达国家提出了"现在就为 2020 年的就业作准备"的口号，其代表性的观点认为：在今后 15—20 年中，将出现一股巨大的科技浪潮，将像工业革命给我们的祖先造成的影响那样对我们的工作方式产生影响,到2015年,估计大约有多达95%的工作将要求就业者掌握信息技术。如果我们不着眼于未来的新要求,残疾人就不可能跟上社会发展。

5. 营造残疾人就业的支持性环境

道德是市场经济的支持性资源,是重要的调节手段。政府保护残疾人就业,不仅要给予物质援助和法律、政策支持,还要运用各种宣传手段,给残疾人就业以舆论和道义的支持。要在全社会大力弘扬人道主义,树立现代文明社会的残疾人观和新的劳动就业观,树立残疾人自强形象和助残典型,形成全社会理解、关心、帮助残疾人就业的社会风气,为残疾人就业营造充满关爱的人文环境。

(原载《中国残疾人》2003年第6期)

我国残疾人就业的发展前景

残疾人就业是指达到法定年龄,具有一定劳动能力,有劳动要求的残疾人获得劳动岗位,并取得劳动报酬或经营收入的活动。我国有 6000 万残疾人,约占全国人口的 5%,涉及 1/5 的家庭和 2 亿多人口,处于就业年龄段、有劳动就业能力的残疾人为 2400 万,其中城镇 426 万,农村 1974 万。保障和促进残疾人就业是我国全面建设小康社会面临的重大现实问题。

一、残疾人就业的发展状况

随着我国劳动就业方针、政策、制度的不断完善,残疾人就业作为劳动就业总体中的特殊部分,进入一个全新的发展时期。残疾人就业由计划向市场导向机制转轨,就业方式从集中就业为主向多样化发展,促进就业手段从单纯依靠政策向法律、行政、经济、道义、教育等手段多元化发展,就业规模迅速扩大。

(一)残疾人就业机制发生根本变化

我国1982年修订的《宪法》首次制定了"国家和社会帮助,安排盲、聋、哑和其他有残疾公民的劳动、生活和教育"的条款。1990年12月全国人大常委会通过的中国历史上第一部《残疾人保障法》,以平等、参与、共享为宗旨,明确规定了残疾人的劳动就业权利,提出实行集中与分散相结合的方针,要求采取优惠政策和扶持保护措施,通过多渠道、多层次、多形式,使残疾人劳动就业逐步普及、稳定、合理。这为残疾人就业提供了基本法律依据,残疾人就业工作开始走上了法制轨道。

政府相继制定和实施了保护福利企业的税收优惠政策,推进按比例就业的法规政策,扶持残疾人个体就业的优惠政策。残疾人就业逐步适应以市场为导向的就业形势,其就业机制发生了根本性的变化。

(二)就业方式多样化,就业规模迅速扩大

随着我国就业形式的多样化,残疾人就业从单一的集中就业向多样化发展,按比例就业全面推行,个体或组织起来就业迅速的发展,农村残疾人扶贫开发取得重大进展,一些新的就业形式也在探索之中。

1979年全国仅有各级政府兴办的全民和集体性质的福利企业1106家,安排残疾职工4.82万人,这些福利工厂多属生产自救性质,规模有限。改革开放促进了福利企业的快速发展,至1989年全国拥有各类福利企业达41611家,安置残疾职工713.9万人。1979—1993年间,企业数平均每年增长20%左右,残疾人就业人数平均每年增加约5万人,集中就业成为安排残疾人就业的主渠道。

我国政府根据就业形势日益紧张和残疾人集中就业容量有限的现实,借鉴国外按比例安排残疾人就业的成熟做法总结国内的经验,积极推动残疾人按比例就业工作。1990年,《残疾人保障法》以法律形式明确提出了实施残疾人按比例就业,各省、自治区、直辖市人大通过了保障法实施办法,省级政府发布了政府文件、政府令,委托各级残联及所属残疾人就业服务机构实施。上海、浙江、山东、西安等地,在有关按比例就业的是立法、行政、工作制度等方面进行了创新,为全国推进和规范按比例就业提供了许多经验。"九五"期间,全国残疾人按比例就业安排97万人。

随着计划经济体制和传统就业观念的转变,越来越多的残疾人走上了个体劳动、个体经营的道路。据统计,"九五"期间,个体和自愿组织起来就业人数从10万猛增到138万。国家实施了一系列扶持残疾人个体就业的政策,《个人所得税法》和《营业税条例》规定对残疾人减征、免征所得税和营业税;财政部、劳动保障部、国家工商局、中国残联下发了《关于积极扶持残疾人个人或自愿组织起来从事个体经营的通知》。

我国70%以上的残疾人生活在农村,他们面临更严重的生存问题。在城乡二元体制下,农村残疾人就业工作主要是帮助残疾人劳动脱贫。1991年国务院批准的《中国残疾人事业"八五"计划纲要》首次以国家计划形式,提出了残疾人扶贫的目标、方针、途径和措施。各地以多种形式扶助残疾人脱贫:给予金融支持,至2000年已累计安排投入财政贴息康复扶贫贷款26亿元;广泛动员社会力量,开展"帮、包、带、扶";扶持残疾人创业龙头,树立创业典型;带动其他残疾人脱贫;创办残疾人生产基地等。

(三)就业服务体系不断完善,推动残疾人就业向纵深发展

在国家实施积极的就业政策促进下,残疾人就业服务体系不断完善。我国残疾人就业工作主要依托残联的组织体系来运作,就业服务体系的组织结构、功能和服务手段都随着事业的发展在变化。全国基本建成了覆盖城乡的就业服务组织体系,残疾人就业服务机构工作人员达 24173 人(其中聘用人员 6971 人)。服务体系和专业队伍建设成为推动残疾人就业工作的重要组织保障。残疾人联合会社会团体的组织性质,与就业机构所需要的行政职能需要协调;北京、郑州等地成立了隶属于政府残疾人工作协调委员会的就业办公室,一些地方依靠政府就业行政管理部门开展工作。各地探索残疾人就业服务与公共就业管理服务体系的协调机制,初步形成了以政府为主导的工作体制。

残疾人就业培训和就业服务日益得到重视。"九五"期间,各级残疾人就业服务机构,以社会需要为导向,积极开展多层次、多形式的残疾人就业培训,共有 111 万城镇残疾人、250 多万农村残疾人得到职业和实用技术培训,初步形成就业与培训相结合的机制。

残疾人高等职业教育和高等教育的发展对提高残疾人就业层次,形成教育与就业相结合的机制,产生了积极的推动和示范作用。

以信息化为重点的服务体系的专业化建设得到重视。信息化建设为残疾人就业提供了新的服务手段,为建立全国统一的就业

和培训市场体系奠定了基础，为开发利用残疾人人力资源开辟了广阔的道路。

就业方式的多样化，拓展了残疾人就业空间，残疾人就业规模迅速扩大。1987年全国残疾人抽样调查就业率仅为50％，1998年统计测算为73％，2000年底，全国城镇就业残疾人达到331万，就业率为80.7％，就业率显著提高。

就业提高了残疾人的收入水平，促进了残疾人以平等身份回归和融入社会，残疾人的安全感、价值感、归属感增强。对社会而言，解决了一大批人的贫困问题，减少了社会的不稳定因素，体现了社会公平与文明，为改革开放和现代化建设营造了良好的环境。

二、转型过程中残疾人就业存在的主要问题

残疾人就业在适应经济、社会转型过程中，一些深层次矛盾和问题逐步暴露出来：残疾人稳定就业和结构性失业的矛盾不可避免，新成长起来的残疾人的就业和失业人员再就业问题相互交织；就业问题和社会保障问题相互关联、相互依托；农村残疾人脱贫困难的加大和城镇残疾人就业压力增大同时出现；普及就业与规范就业，以及提高就业质量的矛盾开始显露。这些问题主要表现在以下几个方面。

（一）残疾人就业与就业总体水平还有较大差距

随着社会发展，残疾人参与社会生活的愿望越来越强烈，对就业的要求也随着社会整体就业水平的提高而提高，就业需求和就

业现状之间的矛盾成为残疾人就业的主要矛盾。

残疾人就业与就业总体水平还有明显差距,就业现状不能满足残疾人普及、稳定、合理就业的需要。城镇有百万残疾人未实现就业,大批残疾人下岗、待业;农村还有近千万残疾人没有脱贫,占到全部贫困人口的1/3,已脱贫的还很不稳固,城乡残疾人就业体制不一,生活水平和整体状况差距较大;由于残疾人就业同整个社会经济发展有同构性,地区差异明显,东西部之间差异较大,在东部一些沿海城市残疾人就业率达到90%以上,而西部一些地区和老工业区,残疾人就业率不足80%;不同类别残疾人之间就业也存在不平衡,弱智、精神残疾、盲人就业困难,对这部分特别需要帮助的人缺乏特殊保护。

残疾人就业的整体质量不高,主要表现在:第一,残疾人就业的稳定性较差。据"九五"期间的不完全统计,全国55.45%的国有企业中有残疾职工下岗,下岗残疾职工占下岗职工人数的1.78%,下岗残疾职工人数达到31.9万人,且再就业率不足20%。第二,残疾职工的收入水平偏低。2001年全国职工的平均工资是10870元,而福利企业残疾职工的年平均工资不到4000元,在许多地方,残疾人的工资仅能达到最低工资标准。第三,残疾职工劳动保障水平差。正规就业的残疾职工参保率低,欠缴社会保险费和下岗残疾职工中断参保情况严重。第四,残疾人就业的社会环境存在歧视、偏见和善意的差别对待。残疾人在就业机会、收入和社会保障等方面都存在不公平现象,同工不同酬、劳动价值和收入不对等的问题较突出。

（二）残疾人就业相关法律、法规、政策亟待完善

1. 福利企业优惠政策缺乏保护作用。对福利企业投资主体和经营范围的限制性政策影响了集中就业的稳定和发展。按照1994年国家税务总局下发的155号文件《关于民政福利企业征收流转税的通知》，只有民政、乡镇、街道举办的福利企业才认定为福利企业，享受退税策，其他主体投资兴办的福利企业一律不予享受退税政策，这一政策对稳定和发展福利企业产生了重大影响。不论是福利经济占较大比重的苏南和浙江，还是西部地区，在国有企业深化改革的形势下，福利企业改制已是大势所趋。

福利企业的退税政策对企业和残疾人的保护作用减弱。长期以来，福利企业的福利性主要体现在税收减免上。在计划经济年代，其生产、经营纳入国家计划，基本可以稳定解决一部分残疾人的劳动就业问题，随着市场经济的确立，这一政策的诸多弊端开始暴露出来，退税政策不能保证企业产品占有一定的市场份额，追求到合理的利润。一大批设备陈旧、技术落后、人才短缺、资金匮乏、产品老化的企业经营状况恶化和停产关闭，同时，税收优惠政策的刺激使一些地方的优势规模企业改制为福利企业（或车间），而这些技术含量较高的企业就业容量少，最终形成了全国福利企业经济规模保持稳定而就业人数锐减的局面，全国福利企业残疾职工已从高峰时的90万人降到目前的不足70万人。据国家审计署统计，全国福利企业去年应退税82亿元，实际退税70亿元。虽然，国家一年付出平均一个残疾职工一万多元的代价，但是，全国福利企业残疾职工的年平均工资还不到4000元。

对福利企业中的"四残"职工认定标准不一致，严重影响了福

利企业稳定。根据民政部、劳动部、卫生部、中国残疾人联合会《社会福利企业招用残疾职工的暂行规定》,残疾职工应包括:视力残疾者,肢体残疾者,听力、语言残疾者,智力残疾者(民政部〔1989〕福字 37 号文)。但是,近一两年来,国家税务总局在对残疾职工认定上只限于"四残"(盲、聋、哑及肢体残疾),将智力残疾排除在外,使许多福利企业得不到退税政策的照顾,企业反响巨大,纷纷解除与智力残疾职工的劳动关系。

2. 按比例就业缺乏强制性规定。实施按比例就业对于增加残疾人就业容量、提高残疾人的就业质量都具有重要的意义,已成为安排残疾人就业的主导形式,为保障残疾人就业发挥了重要作用。但是,由于规定缺乏强制性措施,全面推行仍阻力重重,安排人数远未达到法定比例。按比例就业的主要特点是社会用人单位平等履行义务,由于缺乏必要的强制性法律规定和措施,致使一些单位既不接纳残疾人就业,又不缴纳保障金,破坏了法律的严肃性和公正性。一些地方的实施办法,没有规定外资、私营等所有制企业履行安排残疾人就业的法定社会义务,有些地方以所谓保护投资环境为由对外资企业、开发区企业给予特殊保护,不要求这些企业履行法律义务。实施按比例就业的行政执法主体不明确也严重影响工作开展,目前按比例就业主要靠各级残联的积极协调与争取,缺乏相应的权威性。残疾人就业的奖励和补偿机制尚未建立。

3. 灵活就业的政策支持不力。灵活就业是残疾人就业的重要形式,也是我国今后就业发展的重要方向。但是,残疾人开办小型企业和从事个体经营面临着不利的政策环境,在税收、信贷、场地、服务方面都存在障碍和困难,一些优惠措施缺乏刚性规定,随意性大,相关政策明显滞后。

残疾人适应市场变化的能力相对较差,技能水平不高,再加上缺资金、短场地,从事传统经营项目,经营收益较低,可持续生计问题突出。该群体大都被排斥在现行社会保障体系之外,缺乏法律保护和政策支持,社会保障制度与鼓励个体就业、促进灵活就业的要求不相适应。目前实行的国家、企业、个人共同出资构成社会保险费基金的模式,个体就业者无法参照实行,个体参加社会统筹保险要缴纳企业承担部分的规定,不能激发个体就业者参加社会保险的积极性。灵活就业人员的社会保险政策都是各地方政府出台的,优惠力度还不够。灵活就业的劳动关系呈现复杂化、多元化特点,缺乏保障合法权益的法律规定。

(三)残疾人就业的社会环境亟须改善

残疾人处于就业竞争的弱势地位,不仅需要公正的对待,而且需要社会环境的特别保护,支持性环境是法律法规生长的土壤,没有支持性环境任何法规政策都难以落到实处,也不可能动员社会主动关注和帮助残疾人就业。现实情况是残疾人常常处于不利的社会环境中,对残疾人的歧视和偏见,形成了严重的障碍性环境,限制残疾人平等参与就业竞争,阻碍有关法律、政策的落实,束缚残疾人就业工作的开展。

对残疾人就业常见的不正确态度主要包括:对残疾人的歧视,不愿意同残疾人一道工作,甚至认为单位有残疾人有损形象;对残疾人就业能为和需要的偏见,对残疾人就业困难和社会应负责任的漠视;对残疾人"一视同仁"无差别对待;处于照顾的善意把残疾人长期安排在简单岗位的差别对待等。不正确的态度源于没有形成对残疾人就业的科学认识。有的对残疾人就业的需要不够理解和尊重,认为残疾人就业不就业无所谓,缺乏人权保障的意识;有的对残疾人的劳动就业能力估计不足,认为给残疾人一个简单工作就行了,不必考虑工作适宜性和职业发展,缺乏人力资源开发和人的全面发展观念;有的对残疾人就业特殊保护的意义认识不充分,认为残疾人参与就业竞争优胜劣汰属正常现象,缺乏人道主义情感;有的对保障残疾人就业的社会责任认识不明确,认为残疾人就业困难是个人的事,与政府和社会无关,缺乏对弱势群体的保护观念。

由于对保障残疾人就业的意义和责任认识不到位,一些地方政府和领导对残疾人就业问题关注不够,没有充分发挥保障残疾人就业的主导作用。一些地方虽然也制定了有关文件,但是,贯彻落实不积极、不彻底;对于残疾人就业出现的问题不主动解决,当残疾人就业和其它利益冲突时,残疾人的利益往往被忽视;对残疾人就业的服务意识和手段较差,导致残疾人就业工作层次较低,滞后于社会发展。产生这些片面认识的深层原因,一方面是人道主义思想和人权观念的淡漠,另一方面是对市场竞争的全面理解和效率至上的价值观。因此,营造残疾人就业的良好环境,首先要在全社会树立科学的残疾人就业观。

(四)残疾人整体素质和就业能力迫切需要

提高残疾人整体素质、就业能力与社会要求不适应的矛盾非常突出,各地普遍出现了残疾人不能适应按比例就业岗位要求的情况。

造成残疾人素质和就业能力低的主要原因是,我国残疾人特殊教育与普通教育发展的不均衡,残疾人受教育水平低。1987年残疾人抽样调查表明:文盲、半文盲占70%,80年代末残疾儿童的大学率仅为6%,1990年才上升到20%。这一些人目前正处于就业年龄阶段,由于准备性条件严重不足,仅靠支持性的短期培训不能从根本上提高残疾人就业能力,从而导致残疾人适应发展的能力较低。

技术进步和结构调整使残疾人结构性失业不可避免,残疾人适应新就业岗位能力不足的问题突出。劳动力自由流动是市场经济的重要特征,残疾人就业融入市场经济体制,流动不仅不可避免,而且从长远看,有利于残疾人的发展和资源的合理配置。但是,由于残疾人技术单一,目前实现再就业困难很大。对于新创造的大量就业岗位,残疾人往往不能适应其要求。相比而言,残疾人创业意识和创业能力就更低。残疾人的就业观念也有不适应市场竞争的问题,等、靠、要的意识还比较普遍,对就业的预期超越现实,合作意识、社会能力也有待提高。

(原载《经济要参》2003年第48期)

盲人、聋哑大学生个性及心理健康状况调查

大学生的心理健康研究不断受到重视,近十余年的研究资料表明,大学生的心理卫生状况令人堪忧,几乎所有的相关研究都发现大学生的症状自评量表(SCL-90)得分往往高于全国青年组常模,且不同的学科专业间也存在着差异。残疾人是一个特殊的群体,除了与一般人有着共同的心理特点外,还有着其独特的心理表现。据检索对盲、聋哑大学生心理健康状况的研究少见报道,尤其是对盲人心理健康的研究更为少见。我们对北京联合大学的盲、聋哑二、三年级本科学生,进行了 EPQ 和 SCL-90 测查,与我校临床医学系身体健康的本科二、三年级大学生进行对照分析,现报告如下。

资料与方法

盲、聋哑大学生为北京联合大学二、三年级本科学生,盲人组

37人,其中男20人、女17人,年龄21.66±4.72岁;聋哑组40人,其中男27人、女13人,年龄21.43±3.91岁;健康组大学生为我校二、三年级临床医学本科生,23人,其中男14人、女9人,年龄22.57±2.27岁。

采用由中国科学院心理研究所修订的艾森克人格问卷(EPQ)测评其人格特征。EPQ共85个条目,4个分量表,分别是:E量表,内-外向;N量表,神经质或情绪性;P量表,精神质或倔强性;L量表,测定被试的掩饰、假托或自身隐蔽,或者测定其社会性朴实幼稚的水平。采用症状自评量表(SCL-90)评定其心理健康状态。SCL-90共分10个因子,分别是:①躯体化,②强迫症状,③人际关系敏感,④抑郁,⑤焦虑,⑥敌对,⑦恐怖,⑧偏惧,⑨精神病性,⑩其他。以班级为单位,由有经验的心理学教师指导,让学生自行填写。盲人组37人,聋哑组40人参加了测试,全部为有效答卷;健康组30人参加了测试,收回23份有效答卷。

统计学方法采用方差分析和两两比较的q检验。

结　果

1. 盲人组和聋哑组大学生EPQ测评结果对照,方差分析和两两比较的q检验N、P、E和L得分与健康组对照无差异(表一)。

2. 盲人组、聋哑组和健康组SCL-90测评结果对照,在躯体化、强迫症状、人际关系、抑郁、敌对、恐怖和其他等因子得分有显著性统计学意义(表二)。

表一 EPQ 测评结果对照

	健康人(n=23)	盲人(n=37)	聋哑人(n=40)	F	P
E	10.600±3.0	9.500±2.836	10.690±3.578	1.600	>0.05
P	9.080±2.080	9.237±1.866	9.571±2.177	0.518	>0.05
N	10.040±3.747	10.895±4.286	10.762±4.700	0.321	>0.05
L	6.840±1.650	6.237±1.792	6.595±2.084	0.822	>0.05

表二 SCL-90 测评结果对照

	健康人(n=23)	盲人(n=37)	聋哑人(n=40)	F	P
躯体化	1.275±0.372	1.984±0.733	1.606±0.530	10.772	<0.01
强迫症状	1.961±0.591	2.481±0.674	2.013±0.576	7.319	<0.01
人际关系	2.048±0.803	2.360±0.771	1.925±0.722	3.270	<0.01
抑郁	1.786±0.703	2.347±0.859	1.802±0.616	6.577	<0.01
焦虑	1.978±0.907	2.243±0.857	1.850±0.616	2.482	>0.05
敌对	2.139±0.665	2.957±1.085	2.390±0.973	6.001	<0.01
恐惧	1.621±0.546	2.367±0.773	1.693±0.690	11.949	<0.01
偏执	2.014±0.750	2.342±0.732	1.988±0.693	2.680	>0.05
精神病性	1.848±0.558	2.170±0.650	1.920±0.655	2.324	>0.05
其他	1.863±0.684	2.282±0.857	1.857±0.723	3.534	<0.05

3. 盲人组、聋哑组和健康组 SCL-90 测评结果两两比较对照,部分因子有显著性统计学意义(表三)。

讨 论

有学者认为人格是在遗传和环境相互作用下形成的,社会环

表三　SCL-90测评结果两两比较的q检验

	对比组	量均数差	标准误	q值	p值
躯体化	聋哑组与健康组	0.709	0.110	6.443	<0.01
	盲人组与健康组	0.331	0.108	3.052	<0.05
	聋哑组与盲人组	0.378	0.095	3.999	<0.01
强迫	聋哑组与健康组	0.520	0.116	4.489	<0.01
	盲人组与健康组	0.052	0.114	0.452	>0.05
	聋哑组与盲人组	0.469	0.100	4.707	<0.01
人际关系	聋哑组与健康组	0.312	0.143	2.188	>0.05
	盲人组与健康组	0.123	0.141	0.877	>0.05
	聋哑组与盲人组	0.435	0.123	3.554	<0.05
抑郁	聋哑组与健康组	0.561	0.138	4.074	<0.05
	盲人组与健康组	0.016	0.136	0.118	>0.05
	聋哑组与盲人组	0.545	0.118	4.607	<0.01
敌对	聋哑组与健康组	0.818	0.180	4.544	<0.01
	盲人组与健康组	0.251	0.177	1.415	>0.05
	聋哑组与盲人组	0.567	0.155	3.667	<0.05
恐惧	聋哑组与健康组	0.746	0.130	5.725	<0.01
	盲人组与健康组	0.072	0.128	0.559	>0.05
	聋哑组与盲人组	0.674	0.112	6.023	<0.01
其他	聋哑组与健康组	0.418	0.144	2.905	<0.05
	盲人组与健康组	0.006	0.142	0.044	>0.05
	聋哑组与盲人组	0.425	0.124	3.432	<0.05

境对人格的形成具有决定性作用,生理上的残疾给他们正常学习、生活和工作带来了巨大困难,在这样的困难面前有些残疾人对外界刺激敏感,加上经常遭遇挫折、取笑和不合时宜的怜悯,容易产

生自卑感。他们在感知、注意、记忆、思维等认识过程方面的特点与常人并无明显的区别,只是在个性特征方面存在些不同于正常人的突出特点。吴清平等对140名20—60岁致残时平均年龄9岁的肢体残疾人进行研究,显示肢体残疾成人具有内倾、情绪不稳定的人格特征。石寿森等研究报道肢体残疾医科大学生EPQ测评N和P量表得分高于健康对照组,E量表得分低于对照组,差别有显著性;张开汉等报道,对初一至高三的75例盲人在校生MMPI测试显示,盲人与全国常模对比,存在一定的性格差。本研究结果显示盲、聋哑组的大学生EPQ测评结果与健康组大学生测评结果,经方差分析和两两比较q检验对照分析差异无统计学意义,与上述报道不一致,原因有待进一步探讨。

大学生心理健康状况的研究已有不少报道,与全国常模青年组相比较SCL-90得分较高,说明大学生心理健康状况低于全国常模水平。李强等研究报道:聋哑大学生心理健康状况低于全国常模,且聋哑大学生心理健康状况与社会支持、家庭经济状况和所学专业有关。本研究结果显示盲、聋哑组的大学生SCL-90测评结果与健康大学生对照,在躯体化、强迫症状、人际关系、抑郁、敌对、恐惧和其他等因子得分有显著性统计学意义,盲人组、聋哑组和健康组SCL-90测评结果两两比较对照,部分因子有显著性统计学意义,表明盲、聋哑大学生较健康大学生存在更多的心理健康问题,出现这一现象的原因可能与盲、聋哑残疾带来的生活学习不便而自卑,或环境适应困难,或消极的应对方式有关。

随着高等教育大众化的迅速实现,各类残疾人大学生会迅速增加,研究和提高残疾人大学生心理健康状况和完善人格具有特别重要的意义。我们将对残疾人大学生从提高应对方式、促进自尊和积极的自我意识入手,进行心理干预研究,在残疾人心理健康水平的提高和人格特征的改善等方面做更加深入的研究。

［本文为全国教育科学"十五"规划课题"残疾大学生心理特点与心理健康教育对策研究"(编号:FB13011040)课题的部分研究成果。］

肢体残疾医科大学生个性及心理健康状况调查

大学生的心理健康研究不断受到重视,近10余年的研究资料表明,大学生的心理卫生状况令人堪忧,几乎所有的相关研究都发现大学生的症状自评量表(SCL-90)得分往往高于全国青年组常模[1],且不同的学科专业间也存在着差异[1]。残疾人是一个特殊的群体,除了与一般人有着共同的心理特点外,还有着其独特的心理表现。据检索对肢体残疾医科大学生心理健康状况的研究少见报道,我们对我校的肢体残疾医科大学生心理健康状况进行了调查,现报告如下。

资料与方法

肢体残疾医科大学生(研究组)为我校二、三年级临床医学专业肢体残疾大学生。对照组为我校与肢体残疾大学生同期入校、同步上课的肢体健康临床医学专业大学生。用由中国科学院心理研究所修订的艾森克人格问卷(EPQ)测评其人格特征。EPQ共85个条目,4个分量表,分别是:E量表,内-外向;N量表,神经质或情绪性;P量表,精神质或倔强性;L量表,测定被试的掩饰、假托或自身隐蔽,或者测定其社会性朴实幼稚的水平。采用症状自评量表(SCL-90)评定其心理健康状态。SCL-90共分10个因子,分别是:躯体化、强迫症状、人际关系敏感、抑郁、焦虑、敌对、恐惧、偏执、精神病性、其他。以班级为单位,由有经验的心理学教师指导,让学生自行填写。肢体残疾医科大学生有103名,对照组有127名参加了测试。收回有效答卷EPQ肢体残疾医科大学生88份,对照组107份;SCL-90肢体残疾医科大学生90份,对照组112份。将所得数据输入计算机用SAS软件进行统计学处理。

结　　果

研究组与对照组EPQ测评结果对照,N和P量表得分高于对照组,E量表得分低于对照组,差别有显著性(表一)。

表一　研究组与对照组EPQ测评结果对照

E(内外向)	N(神经质)	P(精神质)	L(掩饰性)
研究组 8.69±2.16	10.53±2.36	8.77±4.62	10.59±2.19
对照组 9.51±2.51	9.72±2.92	6.49±3.33	11.06±3.74

研究组与对照组SCL-90测评结果对照,在躯体化、强迫症

状、人际关系敏感、抑郁、敌对、偏执等因子得分显著高于对照组（表二）。

表二 研究组与对照组 SCL-90 测评结果对照

	研究组(n=90)	对照组(n=90)	t	P
躯体化	1.79±0.49	1.54±0.46	3.68	<0.01
强迫	2.23±0.69	2.00±0.64	2.43	<0.05
人际敏感	2.68±0.63	2.15±0.74	5.52	<0.01
抑郁	2.39±0.58	1.97±0.65	4.88	<0.01
焦虑	1.89±0.61	1.73±0.59	1.88	>0.05
敌对	2.02±0.82	1.79±0.68	2.13	<0.05
恐惧	1.87±0.60	1.72±0.53	1.85	>0.05
偏执	2.47±0.76	1.89±0.69	5.63	<0.01
精神病性	1.74±0.63	1.70±0.54	0.48	>0.05
其他	1.79±0.58	1.77±0.61	0.24	>0.05

讨 论

人格是在遗传和环境相互作用下形成的，社会环境对人格的形成具有决定性作用。我校肢体残疾的学生多为婴儿瘫后遗症患者，从小就在肢体残疾的生活和环境中成长。有学者认为肢体上的残疾，给他们正常学习、生活和工作带来了巨大困难，在这样的困难面前有些残疾人对外界刺激敏感，加上经常遭遇挫折、取笑和不合时宜的怜悯，容易产生自卑感。他们在感知、注意、记忆、思维等认识过程方面的特点与常人并无明显的区别，只是在个性特征方面存在些不同于正常人的突出特点。吴清平等对140名20～60岁致残时平均年龄9岁的肢体残疾人进行研究,显示肢体残疾成人具有内倾、情绪不稳定的人格特征。本研究结果显示肢体残疾医科大学生EPQ测评N和P量表得分高于对照组,E量表得分低于对照组,差别有显著性,与吴清平报道一致。表明肢体残疾医科大学生个性常常表现出担忧、抑郁、紧张、焦虑、缄默冷淡、情绪起伏较大等特点,这可能与他们由于躯体的残疾,在生活和学习经历中遇到更多的困难,遭受更大的挫折有密切的关系。

大学生心理健康状况的研究已有不少报道,结果显示,与全国常模青年组相比较SCL-90得分较高,说明大学生心理健康状况低于全国常模水平。本研究结果肢体残疾医科大学生SCL-90测评在躯体化、强迫症状、人际关系敏感、抑郁、敌对、偏执等因子得分显著高于对照组,表明肢体残疾医科大学生较肢体健全的大学生存在更多的心理健康问题,出现这一现象的原因可能与肢体残疾带来的生活学习不便而自卑,或环境适应困难,或消极的应对方式有关。

随着高等教育大众化的迅速实现,各类残疾人大学生会迅速增加,研究和提高残疾大学生心理健康状况和完善人格具有特别重要的意义。我们将对残疾大学生从提高应对方式、促进自尊和积极的自我意识入手,进行心理干预研究,在残疾人心理健康水平的提高和人格特征的改善等方面做更加深入的研究。

(本文作者石寿森、刘志敏、王洪德、李克祥,原载《神经疾病与精神卫生》2004年第3期。承蒙贾玉忱教授指导,在此谨表感谢!)

肢残大学生体育锻炼与自我概念增强相关性研究

1. 前　　言

　　自我概念是个体人格结构的核心,对于人格的诸成分具有极重要的调节作用,这种调节作用又制约着个人的行为表现,并直接影响个体心理健康水平。国内外许多研究证实,自我概念是心理健康的重要指标之一,具有良好自我概念的个体能对自己作出较为客观的评价,往往能够采取某种恰当、适宜的行为维护自身的心理健康。反之,不合理的自我概念会降低个体对环境的适应能力,易产生自卑或自傲,从而影响自身的心理健康。大学生正处于自我概念不断发展并走上成熟的关键期,正确自我概念的形成对其健康成长有着重要的意义。而残疾大学生作为高校大学生群体中一个特殊的弱势群体,他们比其他大学生面临着更大的心理压力和困扰,常见的心理问题有:自卑心理严重、抑郁心理突出、焦虑心理明显、人际交往障碍等,这些问题直接影响着残疾大学生的心理健康。本文以在校肢残大学生作为研究对象,调查体育锻炼对我校肢残大学生心理健康尤其是自我概念的影响,为开展残疾大学生心理健康教育提供依据。

2. 研究对象与方法

2.1 研究对象

在校肢体残疾大学生18名,女性5名,男性13名。取样时面对的是全校肢残大学生,但在身体状况和自愿报名两个因素影响下样本流失量很大,最终确定的有23名,另有5名在活动过程中由于身体原因退出。

2.2 研究过程与方法

首先确定体育运动项目及其强度,本文参考北京师范大学体育学院殷恒婵教授的《对体育锻炼心理健康效应研究的分析与展望》一文和美国运动医学会(ACSM,1978,1986,1990)的相关研究,制定系统的体育锻炼计划如下:由专业体育教研室教师任教,每周3次,每次60分钟,为期10周的适合肢残大学生中等强度的体育运动(如乒乓球运动)。运动过程中加入与运动相匹配的音乐,并将体育游戏融入体育运动中,增强残疾大学生参加体育运动的兴趣。中等强度相当于最大吸氧量的50%~60%,即相当于最高心率的65%~75%,人体的最高心率是"220－年龄"。本研究中等强度锻炼心率控制在130-155次/分钟。

其次在全校肢残大学生中选取身体条件适合并对体育运动有兴趣的不同年级的大学生23名,后期有5名学生因身体原因未能完成。活动开始前首先用SCL-90进行筛查,以总分<160分,各因子平均分<2为筛查标准。后用《田纳西自我概念量表》和《锻炼感觉量表》两周测查一次,测查每次运动后的心理感受,以便及时调整锻炼计划。整个活动结束后再次用以上量表进行施测,进行前后配对T检验及相关分析。

2.3 研究工具

2.3.1 《90项症状量表》(SCL-90) 由国内有关心理学工作者根据Derogatis,L.R.编制的相应量表加以改编而成,近年来在国内心理卫生问题调查以及临床诊断中应用十分广泛,具有较好的信度和较高的效度。

2.3.2 《锻炼感觉量表》(The Exercise-Induced Feeling Inventory,EFI) 由加拿大Gauvin等人(1993)研制,该调查表着重研究锻炼参与者锻炼后的感觉。该调查表由12个调查题目(形容词)构成4个分量表:精神振奋感(revitalization)、平静感(tranquility)、劳累感(physical exhaustion)、积极参与感(positive engagement)。每个分量表有3个题目,各个形容词采用5级评分法,计分依次为0～4分,各分量表最高得分为12分,最低得分为0分。该量表具有较高的内部一致性和结构效度,且内部一致性全部大于0.7(在0.72～0.91之间)。该量表从侧面反映了锻炼参与者的运动愉快感,它是测量锻炼心理效应和运动愉快感的较理想的工具。

2.3.3 《田纳西自我概念量表》(Tennessee Self-Concept Scale,TSCS) 由美国心理学家费茨(W.H.Fitts)于1965年编制,中国台湾心理学家林邦杰1978年修订第3版,共70个题目,包含自我概念的两个维度和综合状况共 10 个因子。前 9 个因子得分越高自我概念越积极,而自我批评得分越高自我概念越消极。

2.4 数据管理:应用 SPSS13.0 软件进行统计处理,$P<0.05$ 为差异有显著意义。

3. 研究结果

3.1 被试系统锻炼前后 SCL-90 的 9 因子前后比较

配对 T 检验结果显示,被试经过为期 10 周的中等强度的体育锻炼后与锻炼之前相比,除恐惧因子、躯体化因子得分不存在显著性差异($P>0.05$)外,其他多因子均有显著性差异($P<0.05$)(表1)。表现在被试参与运动后在人际关系敏感、焦虑、偏执、抑郁、强迫等 7 个因子得分均有所下降,这也证明了体育锻炼的确在某种程度上能促进心理健康,与以往相关的研究结果一致。

表 1 被试体育锻炼前后 SCL-90 配对 T 检验结果表

SCL-90 分量表	体育锻炼前		体育锻炼后		T	P
	M	SD	MD	S		
精神病性	6.06	7.149	4.00	4.576	2.138	0.047*
恐惧	2.50	2.895	1.50	1.757	1.932	0.070
焦虑	5.06	4.940	3.00	1.910	2.252	0.038*
人际关系	7.94	7.336	5.94	4.207	2.380	0.029*
躯体化	3.28	4.548	3.44	4.162	−0.218	0.830
偏执	3.50	3.222	2.28	1.776	2.317	0.033*
敌对	2.50	2.550	1.50	1.249	2.121	0.049*
抑郁	9.28	9.361	6.56	7.477	2.297	0.035*
强迫症状	10.22	7.960	7.83	6.271	2.388	0.029*

注:* $P<0.05$

3.2 被试系统锻炼前后锻炼感觉量表（EFI）四个分量表前后比较

EFI 是研究被试活动感觉的工具，精神振作感与积极参与感从侧面反映出个体参加体育活动所获得的运动愉快感，积极参与感、精神振作感和安静感也可以作为参与运动的内部动机考察指标。初次和末次结果的配对 T 检验显示（表2），积极参与感、精神振作感和安静感三因子得分存在显著性差异（$P<0.05$），表明随着体育锻炼的进行被试运动愉快感增强，参与运动的内部动机提高。被试疲劳感锻炼后较锻炼前有所下降，但无显著性差异（$P>0.05$），可能与被试身体状况有关。

表 2 被试体育锻炼前后 EFI 配对 T 检验结果表

EFI 分量表	体育锻炼前		体育锻炼后		T	P
	M	SD	M	D		
积极参与感	6.94	2.261	9.17	1.618	−3.655	0.002*
精神振作感	7.39	1.195	9.22	1.801	−3.667	0.002*
安静感	6.39	1.685	8.06	2.235	−2.519	0.022*
疲劳感	5.00	2.351	4.28	2.469	1.365	0.190

注：* $P<0.05$

3.3 被试系统锻炼前后田纳西自我概念量表（TSCS）10因子前后比较

TSCS 配对 T 检验结果显示（表3），被试体育锻炼前后对自我概念的评价产生变化。生理自我、家庭自我、自我满意三因子得分差异极其显著（$P<0.01$），道德伦理自我、心理自我、社会自我、自我概念四因子得分有显著性差异（$P<0.05$），自我批评分量表

虽然没有形成显著差异,但是体育锻炼后因子得分比之前有所下降,自我行动分量表无显著差异(P>0.05)。

表3 被试体育锻炼前后 TSCS 配对 T 检验结果表

TSCS 分量表	体育锻炼前 M	体育锻炼前 SD	体育锻炼后 M	体育锻炼后 SD	T	P
生理自我 PH	44.06	4.465	46.89	3.104	−2.918	0.010**
道德自我 ME	45.17	4.369	48.17	3.330	−2.819	0.012*
心理自我 PER	43.06	1.481	46.61	3.760	−2.201	0.042*
家庭自我 FA	51.89	5.850	55.61	4.075	−3.387	0.004**
社会自我 SO	45.44	6.299	48.78	5.579	−2.460	0.025*
自我批评 SC	33.06	5.319	31.44	5.182	1.461	0.162
自我概念 ID	96.61	7.739	100.67	5.280	−2.222	0.040*
自我满意 SA	85.94	7.264	91.28	6.711	−3.643	0.002**
自我行动 B	82.50	9.076	79.11	9.241	1.667	0.114
总分 TOT	265.00	20.295	272.17	14.043	−2.435	0.026*

注:* P<0.05,** P<0.01

3.4 被试体育锻炼后自我概念与心理健康状况的关系

相关分析结果显示(表4):自我概念总分与精神病性、人际关系、恐惧、抑郁、强迫症状呈高度负相关,表明有积极自我概念的人,心理健康程度越高,会较少出现抑郁、人际关系敏感等负性情绪。自我概念的子维度生理自我、心理自我、家庭自我、社会自我、自我概念、自我满意分别与 SCL-90 各因子间呈较高负相关,提示一个人如何看待自己的现状,以及是否对现实自我满意或接纳与心理疾病的发生有关。自我批评与精神病性、偏执、抑郁、强迫症状呈高度正相关,说明自我概念越消极的人越容易产生偏执、抑郁等负性情绪并引发精神性、强迫性心理障碍。

表 4　被试体育锻炼后 TSCS 与 SCL-90 各因子间相关分析表

	精神病性	恐惧	焦虑	人际关系	躯体化	偏执	敌对	抑郁	强迫症状
生理自我 PH	-0.509*	-0.129	-0.218	-0.437	-0.392	-0.4	-0.076	-0.471*	-0.545*
道德自我 ME	-0.255	-0.085	-0.083	-0.268	0.205	-0.158	-0.191	-0.257	-0.345
心理自我 PER	-0.557*	-0.328	-0.309	-0.518*	-0.244	-0.323	-0.154	-0.443	-0.373
家庭自我 FA	-0.558*	-0.119	-0.129	-0.379	-0.437	-0.399	-0.249	-0.481*	-0.539*
社会自我 SO	-0.412	-0.654**	-0.453	-0.321	-0.125	-0.272	-0.388	-0.313	-0.396
自我批评 SC	0.610**	0.207	0.428	0.46	0.457	0.555*	0.291	0.599**	0.710**
自我概念 ID	-0.37	-0.165	-0.385	-0.223	-0.191	-0.184	-0.384	-0.379	-0.489**
自我满意 SA	-0.561*	-0.367	-0.161	-0.404	-0.293	-0.229	-0.165	-0.324	-0.285
自我行动 B	-0.438	-0.283	-0.26	-0.41	-0.235	-0.203	-0.082	-0.341	-0.205
总分 TOT	-0.696**	-0.495*	-0.436	-0.605**	-0.426	-0.349	-0.31	-0.551*	-0.519*

注：* $P<0.05$，** $P<0.01$

4. 分析与讨论

残疾人体育是指个体的人在生理、肢体等方面有功能障碍,通过参加体育锻炼,改善身体机能的运动。体育运动之所以对参与者的心理卫生有积极作用,因为它是在一定场地、器械和规则的限制下所进行的提高技艺、增进友谊的积极建设性的活动,它是人类机体运动的最高形式,具有强烈的愉快感和运动美的享受,通过竞争又会给人以快感、自尊感。因此体育对培养人的良好社会适应力、保持人格的完整与和谐,建立良好的人际关系和形成正确的自我观念均有裨益,对陶冶情操和自我完善均有积极意义。但是,体育不可能自发地增进心理健康,只有结合有意识有目的的心理诱导与教育,在精心组织和积极领导的体育活动中才能体现,反之如在体育活动中,忽视或违反心理卫生教育的原则,还可能有损于他们的心理健康,本次研究正是在吸取了以往理论和实证性研究经验的基础上开展的,由专业体育教师组织并完善整个活动计划,针对我校肢残大学生的具体身体状况开展适合他们的中等强度的体育锻炼。研究结果表明中等强度的体育锻炼不仅可以增强被试运动愉快感,提高参与运动的内部动机,而且增进自我概念,促进心理健康。自我概念总分与 SCL-90 各因子高度负相关的结果表明积极的自我概念将有助于个体更好的调控自己的行为和心境,减少面对困难和挫折时的不良情绪,提高个体对环境的适应能力。因此在开展残疾大学生心理健康教育时,除运用常规的心理知识宣传、团体成长等方法外,不妨将体育锻炼作为一项重要的干预手段。

残疾大学生身体意象与心理健康的关系研究

1. 引　　言

意象是指对某物(特别是可见物)的心理表征,它不是凭借直接感觉,而是凭借记忆或想象;意象可以是一种心理图像或印象,也可以是一个想法或概念。身体意象是身体自我在意识层面的表征,是潜意识身体自我和整体自我的象征。它包括对身体外表、部位、功能、健康、健美、疾病、大小、体型、胖瘦等的意识与无意识的情感、态度、关注程度、关爱程度、满意度及相应的行为方式。正向的身体意向不仅有利于青少年建立正确的身体自我概念和身体自尊,还对其心理健康水平和健康行为的养成产生积极作用。在西方,身体意象的研究可以追溯到 20 世纪 30 年代,并且已经形成了系统的理论与比较成熟的测量工具。国内目前对于身体意象及其相关问题的研究还相对缺乏,近十年才开始对国外的量表进行修订,并对非残疾青少年、大学生群体作了初步研究,但很少涉及残疾大学生群体。

随着近年来我国高等教育的快速发展,残疾大学生数量逐年增加。引导残疾大学生积极客观地认识自我,加强残疾大学生心理健康教育,已成为一个迫切需要解决的社会问题。Babin研究发现,躯体残障者比非残障者更关注自己的身体和缺陷;Taleporos和McCabe的研究中参加团队讨论的35名躯体残障者也表示,躯体的残障对身体自尊普遍造成了影响;Tam在对200名躯体残障者和214名非残障者的自我观念进行比较后发现,非残障者的身体自尊显著高于残障者。但也有相反的结果,如Weber在对72名躯体残障者和436名健全的法国新兵进行了个人访谈和投射测验后发现,与非残障者相比,残障被试的身体自我观念并未受到躯体残障的损害,只有在某些具体的情境下才会敏感,比如搬运东西时。国内近十余年的研究资料表明,残疾大学生的心理卫生状况令人堪忧,相关研究发现残疾大学生的症状自评量表(SCL-90)得分往往高于全国青年组常模,且不同的学科专业间也存在着差异。随着国内高校各类残疾大学生人数的增加,其心理健康水平引起越来越多的关注。大学阶段是残疾大学生自我统合和自我概念定型的重要时期,同时也是自我价值观形成与确立的重要时期,如果残疾大学生不能正视生理上的缺陷而形成消极的身体意象,将严重影响其心理健康水平。因此,对残疾大学生身体意象与心理健康关系的研究具有重要意义。本文希望通过了解当前残疾大学生身体意象、心理健康的现状,为以上问题的有效预防和及时干预提供充分的数据支持,并期望为残疾大学生的心理辅导和教育提供一定的理论指导。

2. 研究方法

2.1 研究对象

以北京联合大学、长春大学特殊教育学院和滨州医学院的300名残疾大学生为被试,采取分合大学、长春大学特殊教育学院和层随机抽样的方式进行问卷调查,即先将调查对象按照年级划分层次,再区分身体缺陷类型,按照不同身体缺陷类型所占比例,随机抽取男、女性样本(表1)。共发放问卷300份,回收有效问卷255份,其中有效问卷占97%。其中视觉缺陷学生采用主试统一宣读题目,学生随后作答的方式完成。

表1 研究对象基本信息

		人数	百分比(%)
性别	男生	166	65.1
	女生	89	34.9
年级	大一	93	36.5
	大二	73	28.6
	大三	35	13.7
	大四	54	21.2
身体缺陷类型	肢体缺陷	44	17.3
	视觉缺陷	63	24.7
	听觉缺陷	148	58.0

2.2 研究工具

2.2.1 多维度身体意象问卷

多维度身体意象问卷(MBSRQ)由美国心理学家 Thomas F. Cash 2000 年编制,王正松 2004 年修订。MBSRQ 主要测量个体对自我身体意象的态度。适用人群是 15 岁以上的青少年和成人。MBSRQ 修订后包含 67 个项目,10 个分量表,采用 5 点计分法。每个维度得分在 1—5 分之间,3 分为均值。平均分数愈高,显示受试者对身体形象某特定层面的评价愈正向,也愈满意。其中肥胖关注和自觉体重两个分量表是负向维度,即分数越高越担忧体重增加,对身体形象满意度越差。修订后问卷具有较高的信度与效度,十个子量表皆具有可接受的内部一致性,其 Cronbach's a 系数分别为外表评估 0.72,外表取向 0.84,体能评估与体能取向为 0.76 与 0.81,健康评估 0.72,健康取向 0.73,疾病适应 0.67,身体各部位满意度 0.75,肥胖焦虑 0.71,自觉体重分类 0.91。

2.2.2 症状自评量表

症状自评量表(SCL-90)由 L. Derogatis 1975 年编制,上海精神卫生中心王征宇翻译。它包括九个症状因子,分别是躯体化、强迫症状、人际关系、抑郁、焦虑、敌对、恐惧、偏执、精神病性。量表共有 90 个题目,每题采用五点评分,症状从无到严重分别评为 1(从无)、2(轻度)、3(中度)、4(相当重)、5(严重)。得分越高,表示症状越明显。根据 Derogatis 报道,各症状效度系数为 $0.77-0.99$,$P<0.01$。目前大量的研究也证明其信、效度较高。

2.3 数据处理

数据采用 SPSS 19.0 进行统计分析,使用独立样本 T 检验、单因素方差分析、相关分析。

3. 结 果

3.1 残疾大学生身体意象、心理健康状况现状的分析

3.1.1 不同性别残疾大学生在各个变量维度上的差异比较

残疾大学生身体意象问卷的体能评价,症状自评量表的总分、敌对、偏执、精神病性四个维度上的得分男生显著高于女生,其他维度上差异不显著(表2)。

3.1.2 不同年级被试在身体意象、心理健康状况各维度的差异比较

残疾大学生在体能评价、体能关注以及自觉体重三个维度上存在显著性差异(表3),体能评价得分上大二、大三显著高于大一[$MD(2,1)=0.223, P=0.032; MD(3,1)=0.041$];体能关注维度中大四得分显著小于其他三个年级[$MD(1,4)=0.198, P=0.011; MD(2,4)=0.273, P=0.001; MD(3,4)=0.251, P=0.011$]。自觉体重得分中大四显著高于大二、大三[$MD(4,2)=0.451, P=0.003、0.290、0.028$],大三得分显著高于大四[$MD(3,4)=0.295, P=MD(4,3)=0.488, P=0.008$]。症状自评量表的恐惧维度上不同年级存在显著性差异,并且大一和大四得分显著高于大二[$MD(4,2)=0.456, P=0.002; MD(1,2)=0.333, P=0.008$]。

表2 不同性别被试在身体意象、心理健康状况各维度的T检验(M±SD)

量表	变量	男生(n=166)	女生(n=89)	t
身体意象	外表评价	3.11±0.40	3.11±0.45	0.009
	外表关注	3.14±0.38	3.22±0.45	−1.525
	体能评价	3.39±0.67	3.19±0.65	2.232*
	体能关注	3.46±0.45	3.35±0.48	1.866
	健康评价	3.31±0.54	3.20±0.46	1.668
	健康关注	3.44±0.47	3.44±0.48	0.040
	疾病关注	3.47±0.63	3.51±0.58	−0.533
	身体满意度	3.20±0.65	3.16±0.63	0.533
	肥胖焦虑	2.46±0.90	2.60±0.82	−1.160
	自觉体重	2.97±0.91	3.02±0.76	−0.439
症状自评	躯体化	0.97±0.83	0.82±0.70	1.517
	强迫症状	1.29±0.74	1.12±0.63	1.956
症状自评	人际关系敏感	1.18±0.85	1.03±0.68	1.514
	抑郁	1.10±0.82	0.93±0.70	1.716
	焦虑	1.08±0.86	0.91±0.66	1.764
	敌对	1.03±0.85	0.81±0.63	2.319*
	恐惧	0.83±0.87	0.68±0.70	1.572
	偏执	1.11±0.88	0.89±0.73	2.167*
	精神病性	1.07±0.86	0.81±0.64	2.733**
	其它	1.10±0.81	0.91±0.66	1.917
	总分	97.24±69.63	80.90±53.23	2.090*

(注:* $P<0.05$,** $P<0.01$,下同。)

表3　不同年级被试在身体意象、心理健康状况各维度的方差分析（M±SD）

		大一 （n=93）	大二 （n=73）	大三 （n=35）	大四 （n=54）	F
身体意象	外表评价	3.12±0.43	3.14±0.43	3.09±0.40	3.10±0.40	0.114
	外表关注	3.11±0.43	3.19±0.41	3.18±0.37	3.21±0.37	0.846
	体能评价	3.21±0.69	3.43±0.68	3.50±0.66	3.21±0.56	2.974*
	体能关注	3.44±0.40	3.51±0.51	3.49±0.48	3.24±0.44	4.194**
	健康评价	3.24±0.52	3.37±0.52	3.24±0.51	3.21±0.49	1.452
	健康关注	3.43±0.47	3.51±0.47	3.46±0.50	3.36±0.46	1.055
	疾病关注	3.47±0.64	3.49±0.68	3.65±0.50	3.49±0.50	1.295
	身体部位满意	3.16±0.60	3.17±0.65	3.26±0.51	3.21±0.77	0.290
	肥胖关注	2.51±0.85	2.31±0.88	2.56±0.76	2.74±0.94	2.533
	自觉体重	3.05±0.84	2.81±0.85	2.77±0.73	3.26±0.91	3.877*
症状自评	躯体化	0.95±0.83	0.74±0.66	1.04±0.71	1.00±0.90	1.769
	强迫症状	1.32±0.75	1.11±0.61	1.32±0.54	1.16±0.82	1.588
	人际关系敏感	1.16±0.76	0.94±0.66	1.25±0.67	1.28±1.05	2.376
	抑郁	1.12±0.85	0.89±0.70	1.13±0.65	1.06±0.84	1.318
	焦虑	1.09±0.86	0.83±0.70	1.12±0.63	1.07±0.89	1.841
	敌对	0.99±0.81	0.79±0.68	1.06±0.67	1.03±0.93	1.472
	恐惧	0.86±0.88	0.52±0.66	0.80±0.72	0.98±0.89	3.910**
	偏执	1.03±0.84	0.89±0.74	1.25±0.75	1.11±0.97	1.680
	精神病性	1.02±0.82	0.81±0.70	1.08±0.63	1.08±0.95	1.666
	其它	1.04±0.77	0.90±0.68	1.24±0.66	1.07±0.91	1.644
	总分	95.99±67.28	76.48±55.66	101.66±51.01	97.67±76.90	1.929

3.1.3 不同身体缺陷类型大学生在身体意象、心理健康状况各维度的差异比较

残疾大学生在身体意象问卷的体能评价、体能关注、健康关注、健康评价以及疾病关注五个维度上存在显著性差异（表4），事后两两比较显示体能评价维度上听觉缺陷组得分显著高于肢体缺陷组和视觉缺陷组［MD(3,1)＝0.245，P＝0.029；MD(3,2)＝0.394，P＝0.000］，体能关注维度上听觉缺陷组得分显著高于肢体缺陷组

和视觉缺陷组[MD(3,1)=0.399,P=0.000;MD(3,2)=0.319, P=0.000],健康评价维度上听觉缺陷组得分显著高于肢体缺陷组[MD(3,1)=0.190,P=0.031],健康关注维度上听觉缺陷组得分显著高于肢体缺陷组和视觉缺陷组[MD(3,1)=0.340,P=0.000;MD(3,2)=0.265,P=0.000];自觉体重维度上肢体缺陷组显著高于听觉缺陷组与视觉缺陷组[MD(2,1),P=0.008;MD(1,2)=0.386,P=0.022]。症状自评量表得分中除偏执维度上不存在显著性差异,其他9个维度包括总分均具有显著性差异,并且视觉缺陷组得分均最高。事后两两比较显示躯体化得分视觉缺陷组显著高于听觉缺陷组[MD(2,3)=0.374,P=0.002],强迫症状维度得分视觉缺陷组显著高于肢体缺陷与听觉缺陷组[MD(2,1)=0.276,P=0.046;MD(2,3)=0.275,P=0.010],人际关系敏感性维度中视觉缺陷组、肢体缺陷组得分显著性高于听觉缺陷组[MD(1,3)=0.264,P=0.048;MD(2,3)=0.516,P=0.000],抑郁维度得分视觉缺陷组显著高于肢体缺陷与听觉缺陷组[MD(2,1)=0.313,P=0.039;MD(2,3)=0.434,P=0.000],焦虑维度视觉缺陷组显著高于听觉缺陷组[MD(2,3)=0.425,P=0.000],敌对维度视觉缺陷组显著高于肢体缺陷组与听觉缺陷组[MD(2,1)=D(1,3)=0.296,P=0.050;MD(2,3)=0.493,P=0.000],恐惧维度中视觉缺陷组、肢体缺陷组得分显著性高于听觉缺陷组[MD(1,3)=0.491,P=0.000;MD(2,3)=0.771,P=0.000],精神病性得分视觉缺陷组显著高于听觉缺陷组[MD(2,3)=0.353,P=0.003],其他得分视觉缺陷组显著高于听觉缺陷组[MD(2,3)=0.331,P=0.004]。

表 4 不同身体缺陷类型被试在身体意象、心理健康状况各维度的方差分析（MS±D）

		肢体缺陷 (n=44)	视觉缺陷 (n=63)	听觉缺陷 (n=148)	F
身体健康	外表评价	3.09±0.41	3.10±0.52	3.12±0.37	0.113
	外表关注	3.07±0.30	3.20±0.44	3.18±0.42	1.575
	体能评价	3.21±0.59	3.06±0.67	3.46±0.45	8.842**
	体能关注	3.17±0.41	3.25±0.45	3.57±0.42	21.415**
	健康评价	3.15±0.60	3.20±0.58	3.34±0.44	3.228*
	健康关注	3.22±0.44	3.30±0.48	3.57±0.44	13.707**
	疾病关注	3.26±0.49	3.38±0.61	3.59±0.62	6.344**
	身体部位满意	3.16±0.66	3.21±0.63	3.18±0.64	0.084
	肥胖关注	2.62±0.87	2.38±0.92	2.53±0.86	1.071
	自觉体重	3.31±0.97	2.92±0.93	2.92±0.78	3.778*
症状自评	躯体化	0.98±0.90	1.16±0.95	0.79±0.64	5.315**
	强迫症状	1.16±0.90	1.43±0.79	1.16±0.59	3.659*
	人际关系敏感	1.22±1.08	1.47±0.78	0.96±0.65	10.213**
	抑郁	1.03±0.88	1.35±0.86	0.91±0.68	7.106**
	焦虑	1.05±0.90	1.31±0.94	0.88±0.66	6.603**
	敌对	0.99±0.90	1.29±0.92	0.79±0.64	9.295**
	恐惧	0.99±0.92	1.27±0.94	0.50±0.58	25.976**
	偏执	1.06±0.94	1.21±0.88	0.95±0.78	2.130
	精神病性	1.04±0.94	1.21±0.91	0.86±0.67	4.611*
	其它	1.09±0.95	1.25±0.88	0.92±0.63	4.412*
	总分	95.6±79.94	116.98±74.14	79.47±51.30	7.931**

3.2 残疾大学生身体意象与心理健康状况的相关分析

相关分析表明，健康评价与 SCL-90 各维度呈显著负相关，肥胖关注与 SCL-90 各维度呈显著正相关，外表评价与 SCL-90 相关不显著（表5）。

表 5 被试身体意象与心理健康状况的相关分析

变量	外表评价	外表关注	体能评价	体能关注	健康评价	健康关注	疾病关注	身体部位满意	肥胖关注	自觉体重
总分	−0.012	0.124*	−0.130*	−0.103	−0.304**	−0.124*	−0.056	−0.099	0.264**	0.062
躯体化	0.009	0.136*	−0.103	−0.079	−0.294**	−0.111	−0.080	−0.068	0.280**	0.042
强迫症状	0.003	0.148*	−0.090	−0.045	−0.241**	−0.083	−0.027	−0.131*	0.227**	0.057
人际关系敏感	−0.035	0.120	−0.138*	−0.126*	−0.252**	−0.127*	−0.082	−0.088	0.231**	0.088
抑郁	−0.012	0.123*	−0.104	−0.083	−0.295**	−0.119	−0.059	−0.094	0.234**	0.026
焦虑	−0.018	0.099	−0.135*	−0.107	−0.0292**	−0.123	−0.054	−0.105	0.225**	0.030
敌对	−0.002	0.103	−0.155*	−0.133*	−0.307**	−0.154*	−0.042	−0.068	0.233**	0.027
恐惧	0.024	0.040	−0.230**	−0.234**	−0.298**	−0.198**	−0.152*	−0.014	0.193**	0.052
偏执	−0.044	0.141*	−0.099	−0.070	−0.240**	−0.067	−0.039	−0.116	0.222**	0.067
精神病性	−0.014	0.118	−0.077	−0.032	−0.269**	−0.074	−0.004	−0.088	0.291**	0.130*
其它	−0.025	0.077	−0.096	−0.086	−0.292**	−0.094	−0.031	−0.137*	0.253**	0.048

3.3 残疾大学生身体意象与心理健康状况的回归分析

为了进一步分析残疾大学生身体意象与心理健康水平之间的关系,以 SCL-90 总分显示的心理健康水平作为因变量,以与心理健康显著相关的身体意象量表各维度作为自变量,进行多元回归分析,回归分析的结果见表 6。

表 6 被试身体意象与心理健康状况的多元回归分析

自变量	B	SE	Beta	T	Sig.
外表关注	8.372	10.443	0.052	0.802	0.424
体能评价	−4.621	7.296	−0.048	−0.633	0.527
体能关注	15.652	11.861	0.111	1.320	0.188
健康评价	−35.942	8.779	−0.286**	−4.094	0.000
健康关注	−19.945	11.582	−0.146	−1.722	0.086
疾病关注	1.082	7.092	0.010	0.152	0.879
身体部位	−7.399	6.600	−0.073	−1.121	0.263
肥胖关注	19.306	5.066	0.262**	3.819	0.000
自觉体重	−3.261	4.942	−0.043	−0.660	0.510
R^2			R^2adjust		
F			0.178		
0.144			5.281**		

(注:B 为非标准回归系数,SE 为标准误,Beta 为标准回归系数,R^2 为判定系数,R^2adjust 为调整后的判定系数。)

多元回归结果显示,以 SCL-90 总分为因变量,身体意象九个维度为自变量,其中仅健康评价和肥胖关注两个维度进入了回归方程,这两个维度对心理健康的总体解释率达到 14.4%。健康评价贡献率最大,对心理健康的解释率可以达到 8.9%,其次是肥胖关注,对心理健康的解释率达 6.6%。健康评价对心理健康有负向预测作用,肥胖关注有正向预测作用,即健康评价得分越低,肥胖关注得分越高，SCL-90总分就会越高，残疾大学生的心理健康状况也就越糟糕。

4. 讨 论

4.1 不同性别被试在各个变量维度上的差异

如表2所示，残疾大学生身体意象问卷的体能评价得分男生显著高于女生，其他维度不显著，说明残疾大学生对于体貌的评价不存在性别差异。这与以往健全大学生身体意象的研究结果不一致，可能的原因是由于身体上的不健全，残疾大学生对自己身体的不满普遍存在，这种体象的不满掩盖了性别上的差异。另一方面本次调查取样男生、女生比例没有达到均衡，也是造成体貌评价不存在性别差异的原因之一。而男生的体能评价普遍高于女生，这在残疾大学生与健全大学生身上均得到了体现。体能评价得分男生高于女生，可能是因为与女生相比，男生天生有体能上的优越感，身体上的残疾不能改变男生一贯的体能的自我肯定与认同，从而不会影响其体能评价水平，就会表现出男生对自己的体能评价更高。症状自评量表的总分、敌对、偏执、精神病四个维度上的得分男生显著高于女生，可能是因为社会对男、女生的期望值不同造成的，社会对男性的期许要更高些，因此男性的自尊心会很强，身体的残疾让男生自尊心严重受挫，因此心理健康状况相对女生更值得关注。

4.2 不同年级的被试在各个变量维度上的差异比较

如表3所示,体能评价和体能关注得分上大二、大三显著高于大一,而自觉体重得分中大四显著高于大二、大三。这主要是由于大学四个年级学生的状态不同决定的,大一学生还没有完全适应大学生活,残疾学生不能确定自己能否应付大学的压力与生活;大二、大三不但适应大学生活的节奏,丰富的大学生活也让他们关注的事情变得很多,而且发现自己也可以做很多有意义的事情,增加了对自己的认可,同时身体也在生长;大四则面对着要离开校园走入社会的压力,这使残疾学生怀疑自己是否有能力去面对来自社会的压力。因此残疾大学生大二、大三更加认可自己体能,大四关注体能较少,也表现出对体重增加的觉察。

症状自评量表除恐惧维度外其他各维度在年级上均不存在显著性差异,也表明残疾大学生心理健康状况在各年级间没有太大变化,所以对于残疾大学生的心理健康的提升将是一项任重道远的工作。恐惧维度上大一和大四学生得分显著高于大二学生,主要是由于大一时对大学生活比较陌生,而大四即将毕业,踏入社会,都面临着适应新环境的压力,身体的残疾会让他们担忧来自其他群体的歧视,因此恐惧情绪较其他年级要凸显,也提醒特殊教育工作者应更加关注这两个年级学生的情绪疏导。

4.3 不同身体缺陷类型被试在各个变量维度上的差异比较

如表4显示,在身体意象问卷的十个维度中,听觉缺陷组有五个维度得分显著高于其他组别,说明听觉缺陷组对于身体的满意度和关注度都高于其他类型的残疾人。原因为肢体缺陷与视觉缺陷是直观可以察觉到的残疾,直观的残疾使他们对身体的认同与满意度下降，而听觉缺陷的学生外表与常人无异，是一种不容易被察觉到的残疾，因此他们对自身评价与关注都相对较高。在症状自评量表的各项得分中，视觉缺陷组有九个维度得分显著高于其他组别，也说明在所调查的缺陷类型中，视觉缺陷组的残疾大学生心理健康状态最差。原因是一个人获得的外界信息中，80%来自视觉，视觉是人体最大的获取外界信息的系统，视觉的缺陷一方面很大程度上减少信息的获取，与社会脱离；另外处于黑暗中对于未知情境的应激与担忧也严重影响了视觉缺陷学生的心理健康水平。

4.4 残疾大学生身体意象与心理健康状况的相关、回归分析

表5和表6的相关与回归分析表明，个体的身体意象状况越好，其心理越健康，个体对自己的身体评价越消极，越容易产生一系列的心理困扰。也就是说个体对自己身体的情感、态度与认知越正面，越容易形成良好的自我概念，越有利于健康心理和人格的发展。这与以往健全大学生的研究结果一致，Thompson等人对大学生的研究发现，身体意象障碍能导致不同程度的身体羞愧感和身体罪恶感。另外，身体意象障碍还会导致各种身心疾病；黄希庭、郑涌研究发现不健康的身体自我会带来负面的情绪，如强烈的自我否定、焦虑、自卑、抑郁、疑病倾向或其他心理问题；冯秋燕的研究表明，大学生身体意象与抑郁、社交回避苦恼显著相关；陈红发现负面身体自我与心理不健康之间有显著的正相关。残疾大学生由于自身存在比较明显的身体缺陷，他们对外表的关注越多，对心理健康状况影响越大，所以特殊教育工作者在提升残疾大学生心理健康水平时，首当其冲的就是使其正视自身生理上的缺陷，积

极地悦纳自己，在自我悦纳的基础上，培养自信、自立、自强、自主的心理品质，从而发展自我，更新自我。

而体能评价、体能关注、健康关注、疾病关注与SCL-90部分维度显著负相关，健康评价对心理健康水平有负向预测作用，意味着提升残疾大学生体能与健康水平能促进其心理健康状况。目前已有研究表明体育锻炼将会使人的大脑释放内啡肽和吗啡，而内啡肽引起的欣慰感可以降低抑郁、焦虑、困惑等引起的消极情绪的程度。长期的锻炼有助于减轻个体的焦虑和抑郁水平，使人的活动水平提高，工作效率提高，进而增强个体的自我概念。此外，一般体育锻炼需要人与人之间的合作和配合，这也有利于个体建立良好的人际关系，找到归属感。因此帮残疾大学生找到适合的体育运动项目、维持良好的健康与体能，也是提升心理健康水平的有效途径。

青年人都重视自己的身体自我，自我身体形象是大学生关注的焦点之一。我国大学生的年龄一般在18～23岁之间，身体的体型日趋定型，第二性征的发育已接近成熟；并且大学阶段正值恋爱、择偶的时期，身体意象在他们心目中的地位越来越高。已有相关研究表明，对形体的认知偏差普遍存在于我国青少年群体中，如雷霖等对北京女大学生的调查中发现，调查对象的实际体重指数BMI平均值介于正常值之间，但是理想BMI平均值小于最小值的下限而出现偏瘦的现象。潘晓红等采用自编调查问卷对江西省南昌市一所师范学校225名女生进行的调查也得到了相似的结论，有58.6%的女生对自身的体形判断不准。她们通常过高地估计自己的体重，其中82.2%的人认为自己比实际胖。据高亚兵等对

2981名大中学生体象烦恼的抽样调查表明,有22.3%的青少年学生存在体象烦恼。本文对残疾大学生的调查也存在这样的现象,表5相关结果显示肥胖关注与SCL-90各维度呈显著正相关,进一步回归分析也说明,肥胖关注对心理健康水平有正向预测作用,说明关注肥胖的程度越高,心理健康水平越低。造成这个结果的原因可能是受到社会文化的影响,追求苗条是近30年来西方国家流行的一种时尚,以瘦为美的观念影响着我国公众对苗条体型的偏好。媒体形象中男性的高大和健壮、女性的高挑和清瘦,越来越成为一般男女难以实现的梦想,青少年追求"瘦(或高)理想"的倾向也越来越普遍。偏瘦的体型迎合了当代社会对美的评价标准,引起社会的赞美与肯定、心身的愉悦对性格特征的形成产生影响。

[徐娜执笔,该文得到全国教育科学"十五"规划项目"残疾人大学生心理特点与心理健康教育研究"(项目编号:FBB011040)支持,原载《中国特殊教育》2013年第11期]

超 越 自 卑

——残疾人大学生心理教育模式的构建与实践

　　社会主义市场经济体制的建立和高等教育改革的不断深化，为大学生发展创造了更多的机遇，同时，也使他们面对激烈的竞争和严峻的挑战，从而增加了他们的压力。维护和增进大学生的心理健康，促进健康人格的发展，是新时期高等教育的重要内容，是高校推进素质教育的需要，也是学生成长和综合素质发展的重要基础。加强学生心理教育，是高校德育工作的重要组成部分，对提高德育的主动性、针对性和实效性有重要意义。目前，我国大学生的心理教育正处在一个重要的发展时期，它面临着一个教育模式的构建和创新课题。

　　我国有6000万残疾人，随着高等教育大众化的实现，各类残疾人大学生会快速增加，残疾人大学生将会是一个庞大的群体。如何把残疾人培养成为高素质的人才是高校面对的一个现实问题，如何满足残疾人大学生的心理教育需要更是一个迫切的问题。

一、残疾人大学生心理教育模式的构建

进行有效的心理教育,必须深入研究学生的心理需要,把握其主要问题和资源。对残疾人大学生的心理特点和教育,国内有一些初步的研究,尚无专题进行全面的系统研究。国外心理学界对于残疾人的心理特点,如何提高他们的学习技能和适应能力,增强其独立性和充分发挥其潜能等方面都有所研究,但是残疾不仅是一个生理现象,也是一个社会和文化现象,我国残疾人大学生有自己的社会环境和文化背景,对残疾人大学生的心理教育需要进行"本土化"研究。

滨州医学院1985年创办了我国第一个残疾人本科系,办学过程中一直重视残疾学生的心理教育,设立了心理教育辅导中心,建立了学生心理动态档案,开设了心理健康教育课和灵活多样的心理教育活动,近几年结合承担的全国教育科学规划项目"残疾人大学生心理特点研究"和山东省社科基金重点项目"残疾人大学生心理教育研究",对残疾学生的心理特点和教育模式进行了深入理论研究和实践探索。

我们在对学生进行行为观察、深入访谈、作业分析和标准化心理测量(UPI、16PF、SCL-90等)的基础上,根据社会心理学、人格心理学、教育心理学和缺陷心理学的有关理论,对掌握的总体情况和个案,进行全面分析和解读。通过对残疾学生和健全学生的对比,残疾学生和其他残疾人的对比,不同时期残疾学生的对比,我们对残疾学生的心理特点和主要问题有了清晰的认识。研究表明,大学阶段是残疾学生形成世界观、人生观、价值观形成的重要阶段,普遍有着强烈的自我探索、定向和确定的欲望,也存在着成长的烦恼、探索的困惑、适应的挫折和选择的矛盾。研究也进一步说明了健康心理是德行之基,没有健康的心理就不可能有幸福的生活;没有健全的人格,就不可能有健康的理性;没有基本的心理控制和调节能力,就不可能有道德自觉和自由。

残疾人大学生普遍有曲折的成长经历,有适应复杂社会环境的竞争压力,心理问题更突出、更普遍、更集中,他们有更强烈的提高心理素质和健康水平的要求。他们自卑严重,渴望得到尊重和自立,两者的张力使之心理冲突和焦虑比较严重。在他们的成长过程中积存了大量的消极情绪和痛苦经历,压抑了许多愿望和需要,同时在适应环境中也积蓄了大量的心理资源和潜能,一些学生在社会生活中塑造了一种退缩、封闭和呆板的行为方式和生活风格。残疾人大学生的心理问题表现在学习和就业压力方面,交往和社会适应方面,核心问题是由于自身残疾和社会的消极影响,形成了自卑、自怨、自弃的消极自我。自我意识和自我形象影响人对人生的基本信念和态度,同时也影响他对世界的看法和他的行为,一个自我形象健康的人,拥有自尊,在人生中无往而不利。有消极自我形象的人,行为封闭、退缩,社会责任感和自我效能感都很低,创造性潜能得不到发挥。

如何对待残疾人的自卑心理?阿德勒的个体心理学为我们提供了理论依据。阿德勒认为人由于对自身、社会和生活的种种不完满和不理想而产生了自卑感,它刺激人寻求超越之道,在这个过程中人的潜能和创造力迸发出来，全部人类文化的动力都建立在超越自卑感之上。阿德勒认为重要的不是生来具有什么，而是你如何运用你的资质，人既不要被自卑压倒，又不要激起强烈的反抗心理。这一有世界影响的理论是否适合我们的学生？是否适应我们的国情和文化特点？这有必要在实践中进一步验证。但是，这一理论启发我们对残疾学生的自卑感，既不能压抑，也不能无视，而要探索其转化为追求超越的内在机制，把压力转化为积极的行动策略，把残疾学生的丰富经历转化为挖掘人生意义的心理资源。

为此，我们在探索中形成了以培养健康自我意识为核心的心理教育模式。这一模式以营造尊重人的教育环境为基础，注重教育环境和校园生活的潜在育人效应；以德育为导向，发挥科学理性和人文价值的引导作用；以自我教育为中介，综合运用教育、训练、咨询和治疗等手段，发挥系统的专业心理干预的关键作用；在活动中塑造积极的行为方式，实现生成主体人格的目的。

二、残疾人大学生心理教育的实践

自我意识是人在与环境的互动中形成的，消极的自我源于社会环境对人的消极对待方式和个体的消极应对方式。改变消极自我应首先从营造积极的环境入手，通过形成积极的应对方式生成。

1. 以人为本，营造学生健康成长的教育环境

生活世界塑造着人的行为方式和风格，健康生活是健康心理的成长之源，心理健康是健康生活的副产品。任何教育模式都以对教育对象地位和人格的假定为前提,教育和学习过程对学生心理产生内在的本原性影响。学校心理教育要考虑从整个教育模式和教育环境的基础作用,充分发挥环境和教育过程的潜在心理效应。残疾人心理成长需要育人环境的整体优化。

培养自爱、自尊、自信的人,必须营造尊重人、信任人、关心人的教育环境。因为,从根本上说,只有受到尊重,个体才能学会自尊;只有被爱,爱心才能成长;只有得到信任,自信才能发展。因此,我们把关爱作为全部工作的基础,充分尊重学生的需要,为残疾大学生的全面发展和健康成长,创造了适宜的环境和条件。

我们着力突出办学特色,提高培养质量,满足学生学习和发展的需要。根据社会发展的需要和残疾人特点,完善了"区域一体化"残疾人教育模式,提出和实施了"一专多能"的培养思路,突出外语和计算机教育,实施个别化培养方案,升学率和就业率得到显著提高。

我们关心学生的实际困难,切实减轻学生的生活压力。学院在社会有关单位的大力支持下,建立了残疾人大学生康复基金,利用附属医院的技术优势,先后资助一百多名学生实行了矫形手术。经过康复手术的学生肢体形象和功能获得了很大改善。我们积极争取设立勤工助学岗解决部分困难学生的生活问题。为了保证几十名特困学生每日吃上一个鸡蛋,实施了"一个鸡蛋工程"。2002年,筹集20万元,建立了残疾人大学生助学基金,首批资助了60名学生。逐步完善的助学体系为残疾学生安心学习创造了条件。

近几年,我们为改善学生学习和生活条件做了大量工作。在学院的关心和支持下,先后建了一个专为残疾学生服务的洗衣房,建设了无障碍的高标准浴室,利用康复基金为学生建起了康复活动室。为提高学生的综合素质和适应能力,建立了残疾学生专用计算机房。机房方便了学生学习,几年时间,就有几十位学生通过了国家计算机二级考试,提高了他们考研和就业的竞争力。所有这一切,体现了学院和社会对残疾学生的关爱,使残疾学生充分感受到尊重、理解和关怀。

营造学生生活的软环境同样重要。我们倡导尊重和理解残疾人的人文环境,弘扬人道主义,发扬残疾人自强不息的精神,欢迎和接纳残疾人融入到每一个地方。在这里,当残疾人蹒跚而行,不再有异样的目光,而是自然而温暖的关切;当学生勇敢而艰难地登上舞台,伴随的是全场热烈鼓励的掌声;雨雪天人行路上,学生得到的是热情的扶持。在这样的环境中,残疾学生自然而然地抬起头,在成才路上昂然前行。

残疾人医学系为学生所做的这一切,不仅改善了学生的学习和生活条件,而且营造了尊重和关心残疾人的社会人文环境,形成了师生之间心心相印、息息相通的真诚关系,满足了残疾学生成材和发展的需要,唤醒和激发了学生的生命尊严,提高了学生的凝聚力和归属感,增强了学生的安全感和主体意识。

2. 自强不息,建设自己的精神家园

德育对心理成长有价值导向作用,理想和信念对于残疾人大学生的发展具有特殊的意义。在深入研究大学生成长规律和残疾学生特点基础上,我们创造性地实施了"铸魂工程",弘扬英雄主义、乐观主义和自强不息精神,为残疾学生的健康成长奠定了牢固的思想和价值基础,实现了德育和心理教育的良性互动。

实现学生的健康发展，必须有科学的理论指导和深厚的人文底蕴。我们成立了邓小平理论学习小组，通过组织座谈会、交流会、报告会等形式不断提高学习层次和深度。学习从学生的思想实际出发，引导学生把世界观、人生观、价值观建立在科学理性之上。通过学习马克思主义理论、邓小平理论，学会用积极的态度面对一切，用辩证的眼光看待一切，用有效的行动改变一切。领会"发展是硬道理"的深意，认识只有超越自我，才能实现自我的大道理。

通过人文知识，特别是传统哲学的学习，领会自强不息、厚德载物的民族精神，体验顺其自然的生存智慧。引导学生正确对待自卑情绪，既不能压抑，也不能否认，要转化为超越的力量；面对压力，不能无动于衷，也不能手足无措，要从容应对，积极行动；面对缺陷，不怨天尤人，不自怨自艾，要顺其自然，为所当为；面对偏见，不激愤，不自弃，要正道直前。在科学理性和人文价值之上，学生们用思考和真诚构筑起自己的精神世界，为心理健康成长奠定了牢固的基础。

社会心理学说明，"重要他人"在人的社会学习中有重要的作用。因此，我们把学习榜样作为铸魂工程的重要环节，用他们的成长经历，激励残疾学生树立正确的人生坐标，科学地对待自身残疾。我们深入开展了学习张海迪等杰出人士活动，海迪成为大家的知心大姐，她"用知识改变命运"的勉励，时刻鼓舞着大家勇攀知识高峰。我们重视发现和培养学生典型，发挥身边榜样对周围同学的带动作用。94级的任乐同学先后荣获"山东省高校十佳三好学生"、"全国三好学生"称号，并获"胡楚南奖学金"。她水晶般美好的心灵,她微笑着面对生活的勇气和信心,她的真诚和善良,代表了残疾学生的美好形象,对同学们产生了持久和深远的影响。

引导学生自我发现、自我探索和自我塑造是铸魂工程的核心环节,其关键是抓住时机、创造载体。1998年,为了解毕业生的情况,总结办学经验和听取毕业生的建议,我们对毕业生进行了一次全面调查。历届毕业生们对母校的感恩深情,对在校生的殷殷之情,让我们感到弥足珍贵,并意识到这是对学生进行自我教育的好材料,经过精心整理的数万字文稿《往届毕业生寄语在校生》,很快呈现在学生面前。《寄语》勉励发自肺腑,建议富有远见。他们多年来求学、求职、成才的坎坷和奋斗历程,给人启迪,催人奋进。如何在面对社会偏见时学会宽容,面对自身缺陷时学会平常心,面对挫折时树立信心,面对机遇时自强不息,这些学生迫切需要解决的问题,《寄语》对此进行了生动的诠释。同学们敞开心扉,投入真情,写心得、谈体会,交流思想、分享收获,都称这是心灵的碰撞,是一次刻骨铭心的学习经历,有一种脱胎换骨的感觉。学生们从中深深领悟到必须真诚面对自己,勇敢面对命运,清醒面对现实,乐观面对生活。

这件事启发我们:残疾人医学系的创办和发展,大学生的成长和奋斗本身就是一笔宝贵的精神财富,它是自强不息民族传统和时代精神的生动体现,这个精神富矿还有待于挖掘。于是,经过一年的精心准备,反映历届优秀残疾大学生事迹的《一群特殊的大学生》由中国文联出版社出版发行了。我们以此为载体,开展了一系列自我教育活动,"自强不息、乐于奉献"的残疾人医学系精神在讨论中进一步深化,在交流中进一步提炼,在实践中进一步丰富。

就这样，在科学理论的基础上，在民族传统的培育中，在时代精神引导下，同学们用思考和真诚建设起自己的精神家园。

3. 长善救失，实施系统的心理干预

针对残疾学生的心理特点，抓住寻求自我同一性的关键时期和主要矛盾，发挥残疾人求健康、要发展的心理优势，因势利导，长善救失，通过心理教育、训练、咨询、治疗等全面系统的心理干预，促进残疾学生的发展。

通过心理学知识的学习，提高自我分析和调节的能力。开设几十学时的心理学课，以学习阿德勒、马斯洛等人本主义心理学为重点，以此激发残疾学生的人格理想。学习心理学知识要注重以理化情，即用心理学理论解读自己的生命体验，释放压抑的情绪，思考"自己何以如此"；以理生情，即把心理学理论内化为自己的经验，思考"理想的人格应如何"；以理导行，即用心理学理论和方法指导自我调节和行为，努力去实现理想的自己。

通过心理素质拓展训练，提高心理素质。心理训练主要开展自信心训练，人际交往技能训练，创新思维的开发训练。

通过咨询和治疗，提高心理健康水平。咨询和治疗主要针对学习障碍、社交恐惧、焦虑和自卑症进行，对于心理测查发现的问题，及时干预。

这些活动包括开设心理学选修课、举办心理讲座、沙龙和兴趣小组等形式，既有面对面的交流方式，也利用网络、电话等渠道。心理服务贯穿学习的全过程，从学生入校后进行的适应性训练，到对求职和考研学生进行心理疏导和技巧指导。心理干预的方式照顾到不同群体的要求，因材施教，因人而异。

丰富多样的心理学服务受到同学的热烈欢迎,发挥了在促进学生心理健康成长中的关键作用。标准化心理测量、日常行为观察和学生自我报告都表明,学生的心理健康状况得到显著改善,心理素质和人格得到优化。

4. 超越自我,在实践中实现和谐发展

人的改变关键看行为。人格的改变也只能通过行为的积累和习惯的内化逐步实现。靠灌输不可能有真正的知识,更不可能生成新的品格。教育环境的改变,精神价值的引导作用,心理的自我调整,最终都要体现在积极的行为和方式的改变上。形成新的行为风格是残疾学生超越自我的根本之路。

由于社会偏见和歧视,残疾人的生活空间相对狭小,在一定程度上导致残疾学生社会化程度和社会适应能力较低。这形成了社会对残疾人的一些刻板印象,也加重了残疾人的消极的自我形象。残疾学生只有投身生活的洪流,才能实现社会康复;只有在社会生活中才能树立新的社会形象,塑造新的自我形象,在行为中生成新的人格,实现知、情、意、行的和谐发展。

一方面,我们鼓励学生积极参加校内外的文体和社会活动,一方面为学生精心设计一系列富有心理效应的活动,例如设计富有心理健康作用的体育活动,有益身心的诗文诵读、歌唱活动,为盲童送爱心等。同时,重视引导学生日常学习、交往行为的改变,帮助学生进行有效的学习,积极的交往,乐观的生活,成为社会生活的积极建设者,社会竞争与合作的勇敢参与者。既在源头上解决产生心理问题的行为因素,又通过行为改变不断生成理想人格。

我们注重在活动中树立学生的社会形象,引导学生感受和发现新的自我：文体活动中，感受乐观向上、敢于竞争的形象；社会实践活动中，感受自信的积极建设者形象；外事活动中，塑造残疾学生不卑不亢、自豪开放的形象；宣传报道中，感受和塑造自强形象。在丰富的社会实践中，学生的现实自我与理想自我、社会自我与自我形象逐步统一，自我的同一性问题趋向解决。

学生勇敢地从单一、封闭的自我世界走向宽广的社会后，社会责任感和参与意识明显增强。在适应社会过程中，学生实现从"旧我"到"新我"的不断超越。

三、残疾人大学生心理教育的几点思考

实践证明，我们的残疾人心理教育模式是有效的。学生普遍感到从中受益匪浅，心理面貌发生了很大变化，超越了自卑，变得更自信、自尊、自爱、自强。这些年，残疾人医学系没有一名学生因为心理方面的原因中断学习，也没有一名学生发生严重的心理危机。学生心理素质的优化有力地促进了教育质量的提高，2002年，毕业生就业率达到了100％，2003年硕士研究生上线率达到50％，99级大学英语考试六级一次通过率达到50％。心理教育为提高德育的实效性发挥了重要作用，2001年，残疾人医学系党支部被省委表彰为先进基层党组织。

残疾学生的心理教育实践促进了对残疾人心理，残疾人康复和教育等问题的研究，为完成我们承担的"我国残疾人高等教育研究"（山东省社科重点项目）、"我国残疾人就业问题研究"（国家社

科基金项目)提供了重要阶段成果。

这些实际效果和理论成果产生了良好的社会影响。《光明日报》《大众日报》和中央电视台、山东电视台对残疾人医学系的工作进行了专题报道。

本项研究使我们切身感到大学生心理教育大有可为,也使我们深刻认识到探索有中国特色的心育之道,任重道远。我们认为以健康自我为核心的心理教育模式有重要的借鉴意义,主要有以下几点:

1. 培养健康的自我意识满足了学生探索自我和寻求自我同一性的内在要求,抓住了大学阶段心理发展的主要矛盾。这一模式对进行大学生心理教育有重要的借鉴意义。

2. 以超越自卑为发展的主要动力机制,体现了人的超越天性,顺应了残疾学生发展的主要动力趋向。这一模式对各类残疾人的心理教育有普遍的应用价值。

3. 充分发挥了环境影响的基础作用、德育的价值导向作用、心理干预的关键作用与行为塑造的生成作用,把知与行、理与情、内在与外在统一起来。这一模式对形成有中国特色的心育之道,有一定的参考意义。

4. 理论研究和实践探索相结合,理论研究为实践提供指导,保证了研究的科学性、学术性;实践成为理论研究的源头活水,两者相辅相成,相互促进。形成教育与科研相结合的工作格局,实现了教师向研究者的转变,为深化研究奠定了良好的基础。

(2003年9月)

科学发展,再创辉煌

——写在第二十二个全国助残日

5月20日,是全国第22个助残日。今年助残日的主题是:加强残疾人文化服务,保障残疾人文化权益。当社会的目光聚集在残疾人和残疾人事业上时,我们自然更深切地凝视自我,回顾历程,分析现实,筹划未来;当文化成为社会关注焦点,从文化的视角考量残疾人教育,让我们超越以往从社会资源、办学特色认识的层面,更深刻地理解残疾人教育的意义。

学校开创我国残疾人高等教育先河的创举作为国家残疾人事业和文明进步事业的标志事件,永载史册;作为学校最突出的成就之一深深镌刻在滨医艰辛开拓的发展史上,熠熠生辉;作为滨医解放思想、开拓创新、锐意进取精神的集中体现更是深深融入滨医人的精神血脉中,历久日新;通过这项崇高的人道主义事业,学校更紧密地融入到社会进步的时代潮流中,展示出社会主义大学的博大胸怀和文化形象,广受赞誉;残疾人教育,使人们更深刻地理解大学的责任、医学的本质、教育的使命,"珍视健康、尊重生命、保护弱者、维护公正"的人文情怀为大学生形成良好的职业道德产生了积极的影响,残疾人教育成为学校独特的人文教育资源,润物无声。

近年来,残疾人教育在学校改革发展中的办学特色地位不断强化,残疾人教育对学校培育大学文化、提升育人理念和扩大学校社会影响发挥了越来越重要的作用,残疾人高等医学教育已成为学校鲜明的办学特色,受到了国内外的广泛关注和赞誉,成为展示我国残疾人事业成就的重要窗口,成为学校特色名校战略的重要实践载体。学校先后获得了全国特殊教育先进单位、全国扶残助残先进集体、山东省扶残助残先进集体等荣誉称号。

近期,多家媒体再次关注滨医的残疾人教育,残疾人教育的独特魅力吸引人们关注这所普通又特别的大学,在有"中国第一助残大学"之称的滨州医学院,人们可以看到残疾人大学生自由徜徉,时时展现灿烂的笑容;看到在充满挑战的人生路上,他们以特有的姿态走得如此坚定铿锵;看到我国残疾人高等教育的"报春花"始终迎风绽放。回望历程,从筚路蓝缕的开创到锲而不舍的探索,在坚守中深化、拓展、凝练、升华,特色愈加鲜明!

立足现实,筹划未来,沉潜中期待新的跨越!坚持就是胜利!蓄势就能蕴机!创新才能发展!

目前,残疾人教育迎来重大机遇。"十二五"期间是国家全面建设小康社会、加快推进现代化建设的关键时期,是实施建设高等教育强国战略的重要时期,党和国家做出加快残疾人事业发展的重大部署,政府出台一系列促进残疾人教育发展的政策和措施。

残疾人教育问题越来越得到社会关注，人民群众热切期盼残疾人高等教育的科学发展，这一关系到国计民生的崇高事业迎来了跨越发展的又一个春天。学校全力实施"残疾人高等教育第二次创业"，积极发扬与时俱进、敢为人先的精神，勇于承担推动国家残疾人高等教育发展的责任，把残疾人教育作为学校重要的社会责任、办学特色来规划布局，发挥二十多年残疾人高等教育所形成的办学特色和文化优势，发挥"医教结合"的学科专业优势，发挥与中国残联全面合作的机制优势，在"十二五"期间，构建培养高质量残疾人优秀人才和高层次残疾人服务人才协同发展的格局，利用烟台区位优势建设代表国家水平的特殊教育示范园区，努力培育与残疾人事业大国相符合的、具有标志性意义的教育品牌，成为展示我国高等教育成就和残疾人事业成就的窗口我校的残疾人高等教育发展正处于关键时期，特点是：蓄势已久，重新跨越；机遇宝贵，千载难逢；前景光明，任重道远。对策是：抢抓机遇，乘势而上；整合资源，完善架构；借力引智，创新发展。近来，学校先后几次研究特殊教育发展问题，体现了学校党委和行政对特殊教育的高度重视，党委作出发扬广大办学特色的战略决策，提出了"坚持、巩固、强化、发展"的工作方针，明确了"十二五"期间的目标任务和主要措施，做大、做强、做精特殊教育的宏伟蓝图和路线图已经绘就，以2012年招收视障学生为标志，掀起特殊教育的新篇章，学校残疾人高等教育跨越发展的新征程庄严起航！残疾人教育将成为学校科学发展的增长点、教育创新的试验田、人文精神的辐射源、展示成就的重要窗口。

我们之所以能赢得发展机遇，一是开创之功，二是坚守之力，三是突破之势,四是筹划之效。面对宝贵的机遇和艰巨的任务,全校上下都很关注。全校还需要进一步提高认识、凝聚共识、形成合力、营造氛围,对已有的办学传统、优势和文化倍加珍惜,对赢得的难得发展机遇和态势倍加珍惜,对已有的经验倍加珍惜,就是谁能为国家社会承担多少责任,就会赢得多少机遇和资源,谁能高瞻远瞩把握时代就能赢得先机,谁能先行一步就能引领发展,赢得主动!

27年前,滨医人曾创造残疾人高等教育领域的"第一个"。敢为人先的开拓精神将激励滨医人创造更多业绩,滨医人将创造出不负历史、不负时代、不负国家的业绩,将创造残疾人教育新的辉煌!

(原载《滨州医学院报》2012年第13期)

站在新起点,实现新跨越

残疾人高等医学教育是我校鲜明的办学特色和独特的人文资源。而特殊教育在我校"一个战略目标、一体两翼战略布局和五个战略支点"发展实践之中扮演独特的角色。近日,就我校特殊教育发展,本报通讯员采访了特殊教育学院院长刘志敏教授。刘志敏告诉记者,学校提出了"以特殊教育为支撑点大力实施特色名校战略"的决策,是我校发展历史上对特殊教育的新定位、新战略。"最近,国务院召开会议,研究通过了特殊教育提升计划,我国特殊教育发展迎来一个蓬勃发展的春天,滨医应该有更大作为!"

第一,要继续凝聚共识,牢固确立特殊教育在学校发展中的重要战略地位。首先要发扬传统,继续发挥我校残疾人高等教育的品牌优势。学校开创残疾人高等教育先河,创立残疾人高等教育滨医模式,成为了在全国叫得响的品牌,对提高学校人文精神和社会形象发挥了特殊重要的作用,要从文化的高度认识其重要意义和特殊价值。其次，要认真研究学习国家和行业政策，把握特殊教育发展的重大机遇。十八大提出"支持特殊教育"，同时国务院办公厅关于转发教育部等七部委《特殊教育提升计划（2014-2016年）》的通知［国办发〔2014〕1号］，为特殊教育发展提供有利政策环境，为相关学科专业发展提供广阔空间。三是要勇于承担社会责任，树立滨州医学院文明进步的大学形象。中国残联对学校残疾人教育发展寄予厚望，提出"培育代表国家水平教育品牌"的明确要求，并作为重点支持的院校纳入国家专项事业规划。

第二，科学筹划，精心打造特殊教育战略支点，踏实推进特色名校战略。

首先，要促进学科交叉融合，形成相互支撑的残疾人高等教育专业群，"做大、做实、做精、做强"高水平残疾人人才培养和高质量残疾人服务专业人才培养体系，增强专业特色与活力，走"规模、质量、速度、效益"协调发展之路。在人才培养方面，残疾人高等教育做到多专业（临床、中医等）、高层次，实现全国第一、世界知名，提高学校知名度；残疾人服务人才培养方面，顺应"医教结合"趋势，发挥医学教育平台，以培养教育康复为特色的高质量人才，达到国内一流，提高学校影响力；在专业建设方面，以康复类学科为支撑，促进学科交叉，以听力与言语康复学为龙头，培育高水平原创成果，建设国际化高端学术平台，实现国内领先、国际先进，带动学校学术水平提升；增设特殊儿童教育康复为特色的学前教育专业，拓展专业发展纵深；在社会服务方面，以特殊儿童教育康复为主要内容，以自闭症儿童治疗康复、听力与言语康复为主要服务特色，形成"医教研"相结合的国内先进、省内一流特殊儿童康复的"高精尖"服务平台,促进学校与社会融合度。在文化引领方面,以"仁心妙术"的滨医精神为载体,弘扬关爱、责任、创新的"高品质、广辐射"的大学文化,引领社会文明,树立滨医文化形象,提升学校美誉度。

其次,要创新办学机制,推动中国残联与山东省共建滨州医学院,形成面向行业需要的长效办学机制。整合国内外康复医学资源,形成与行业紧密结合的办学机制,努力建设成为"全国特殊教育人才培养基地"、"全国康复人才培养基地"。

第三,要与学校更名、申报博士点等重点工作相衔接,形成总体战略。发挥特殊教育品牌、文化、资源、机制等优势,使各项重点工作相协调、共促进。

第四,要找准突破口,为跨越发展奠定更有力的基础,一要快速形成实体化格局,建立完善的组织架构和学科专业架构。学校在完善特殊教育学院建制时,应该在编制上充分体现和照顾特殊需要。二要规划建设好"特殊教育园示范园区"。加快推进"特殊教育示范园区"建设,努力把园区建设成示范工程,成为代表国家、山东省、烟台市残疾人事业发展形象的品牌项目,从服务烟台、融入烟台上看,附属医院建设重要;从服务国家、提升烟台上看,特教园区建设更重要。三要加快办学机制体制改革,提高治理能力,激发办学活力。

(原载《滨州医学院报》第 8 期,2014 年 4 月 3 日)

打造医教学科融合发展新高地，着力培养教育康复复合型人才

——访特殊教育学院院长刘志敏

10月11-12日，由我校特殊教育学院和华东师范大学言语听觉科学教育部重点实验室联合主办的第二届教育康复高峰论坛即将召开，主题为"学前特殊儿童的教育康复"。会议期间，来自全国特殊教育高等院校、特殊教育学校、民政系统、各级康复机构的200余名代表将会围绕"特殊儿童综合干预方法"、"特殊儿童安置方式"、"教育康复人才培养"等议题展开报告和讨论。论坛如火如荼地准备之际，本报通讯员采访了论坛主席、本届论坛执行主席、我校特殊教育学院刘志敏院长。

通讯员：我校为什么举办第二届教育康复高峰论坛？

刘志敏：本次论坛是为响应特殊教育"医教结合"趋势，为特殊教育事业发展提供有力的人才保障和知识支撑而由华东师范大学和滨州医学院共同于2013年6月在上海设立的，这将是一个新的

常设性高端专业论坛,具有学术性、国际性、综合性的特点,今年是第二届,由滨州医学院特殊教育学院承办。"医教结合"是将现代康复医学手段与教育方法进行有机结合,在尊重个体差异、面向个体需要的基础上实施的一种教育模式。"医教结合"是当代特殊教育发展的必由之路,随着医学科学的进步,遗传性疾病、先天畸形、早产等儿童的存活率逐渐上升,这些儿童在生长发育过程中可能出现现有医学手段尚无法治愈的脑瘫、智力障碍、孤独症等疾病,这些特殊儿童需要接受长期的康复治疗。另外,随着特殊教育零拒绝理念的推行,特殊教育学校的教育对象发生了很大的变化,特殊儿童障碍程度加重,残障类型增多,多重障碍儿童增多。这些儿童不仅仅面临教育方面的问题,也面临着身体各功能的康复需求。总之,特殊儿童既有接受教育的需要,又有接受康复服务的需要。而特殊教育学校原有的以学科课程为主导的教育教学目标及教学计划难以实施,教育康复效果更是难以提高,因此"医教结合"成为我国特殊教育模式改革的重要方向。

通讯员:我校培养教育康复复合型人才的依据和优势在哪里?

刘志敏:2013年,我校特殊教育专业和听力与言语康复学专业开始招生,对于开办此类专业,部分师生内心存在不少疑惑,医学院校有必要和能力办师范类专业吗?但是我认为,我们学校具备培养教育康复复合型人才的优势。第一,现实迫切的需求。据统计,2011年我国特殊教育学校师生配比为1∶9.65,远低于发达国家特殊教育学校的师生比例,而在特殊教育学校中能为特殊儿童提供相关康复服务的专业人员更为缺乏。目前北京等地教育部门规定特殊教育学校必须配置一定比例的康复教师,为迎合需求、填补缺口、开展"医教结合",医学院校教育康复类人才的培养迫在眉睫。第二,国家明确的政策导向支持。2012年教育部等五部委联合发布的《关于加强特殊教育教师队伍建设的意见》(教师〔2012〕12号)中提出:"改革培养模式,积极支持高等师范院校与医学院校合作,促进学科交叉,培养具有复合型知识技能的特殊教育教师、康复类专业技术人才。"第三,未来广阔的发展空间。全国特殊教育学校"医教结合"实验基地建设项目的成功开展,证明了综合康复效果明显的关键在于教育康复类人才的培养,要实现我国特殊教育的跨越发展,加快教育康复类复合型高层次人才培养是必要的。教育部、发展改革委等七部委共同发布的《特殊教育提升计划(2014—2016年)》(国办发〔2014〕1号)提出,将"继续开展'医教结合'实验,探索教育与康复相结合的特殊教育模式"。随着医教模式的普遍推行和融合教育的普遍实施及特殊儿童学前教育的推广,教育康复类人才需求数量将是很大的。

通讯员:我校开展教育康复类人才培养的意义是什么?

刘志敏:我认为,首先,开展教育康复类人才培养进一步形成学校"高质量残疾人高等教育与高层次残疾人服务专业人才培养协同发展"的格局,提高学校残疾人事业发展的能力,丰富学校办学特色;其次,开展教育康复类人才培养促进学校学科交叉融合,进一步培植新的学科生长点,为相关学科专业发展提供广阔空间;最后,开展教育康复类人才培养可以充分利用应用心理学、康复治疗学、特殊教育和听力与言语康复学等学校已有专业资源,发挥协同效应,实现集群发展,提高办学效益。

通讯员:我校在培育教育康复学科专业优势方面有什么构想

与打算？

刘志敏：四个"加强"将成为我校在培育教育康复学科专业优势方面的主要努力方向。第一，加强校内整合，充分利用校内资源，形成系统战略和协调机制，培养复合型人才；第二，加强与华东师范大学等兄弟院校和上级单位的合作，积极参与由华东师范大学牵头的"教育康复协同创新中心"的筹建；第三，加强跨学科研究，积极开展神经生物学、脑科学、生理学、遗传学、声学、心理学等多学科交叉的基础与应用研究；第四，加强社会服务，依托学校医学与康复医学资源优势，高水平建设面向社会的儿童康复中心，大力开展社会服务。

通讯员：最后，请您谈谈这次论坛的举办对我校产生怎样的意义吧。

刘志敏："医教结合"是当下特殊教育研究和实践的主流趋势，为我国特殊教育事业发展作出新贡献，作为开创我国残疾人高等教育开创者的滨州医学院责无旁贷，要继续发扬开拓创新的精神，着力培育医教学科融合发展新高地，培养高素质教育康复类复合型人才！此次论坛是交流学习的盛会，也是向社会展现滨医为残疾人事业做贡献的新姿态和新成绩！最后，预祝第二届教育康复高峰论坛圆满举行！

(原载《滨州医学院报》第 26 期，2014 年 10 月)

第四篇 育人之乐

教师的境界

人生于天地之间,有个定位问题;教师处在群体中,有个境界问题。从小处说,同样是上一堂课,有的兴味盎然,令人深思,有的则索然无味,使人欲睡;从大处说,同样为师,有的被尊为圣,有的被誉为贤,有的被称为家,有的被呼为师,还有的被唾为枉为人师。境界不同,天壤之别。

那么,教师境界的内涵是什么?它是教师在教书育人和为人师表活动中表现出来的水平和层次,包括教师的人格修养、智能水平、职业理想、情感方式等方面,体现着教师对为什么教、如何教等根本问题的理解和实现方式。

教师的境界可以从不同的角度和侧面进行分析。从教师的知识和能力结构层面看,有广博与狭窄,精深与肤浅,完善与片面,多样与单调,灵活与死板,创新与守成,自如与机械等的不同。从教师的从教动机上分析,生存型教师视其为不得已的谋生工具;成功型教师把它看作是自己建功立业的舞台;发展型教师把它作为自己的安身立命之所在，实现生命成长的精神家园。从教师和学生的关系上看，有的就事论事，仅为工作关系；有的荣辱与共，结成利益共同体；有的平等相待，心心相印，用生命点燃生命，共度锦绣人生，精神融为一体。教师对学生爱的方式和程度也有不同，有的爱智嫌愚、亲疏有别；有的则有教无类，慈爱、欣赏、理解、宽容、关怀每一个学生。从教师的职业抱负与倾向看，有的侧重在承担社会责任和社会理想，为建设美好社会而教；有的侧重在承载文化使命与文化理想，为文化的薪火相传、生生不息而教；有的侧重在承受生命关怀与期待，为学生的健康成长和美好人生而教。从教师发挥的作用和效果看，有的只是"教书匠"，做知识的搬运工；有的不仅教书而且育人，在传授给学生知识的过程中教会学生获得和创造知识的方法、培养学生对真理的热爱，同时教会学生做人，学会合作，培养学生的健全心智和健康人格。从教师的影响方式看，有的靠灌输和强制，追求整齐划一，有的顺其自然，润物无声，强而弗抑、导而弗牵、开而弗达，循循然善诱人，做到因材施教、丰富多彩。我们还可以进行更多的分析，可以说教师之名为一，而其实则千差万别，其境界高低各不相同。

什么是教师理想的境界呢？它应该是教师与道为一、与学生为一、与社会为一的和谐，是教师慈且慧、仁且智、知行合一、言教与身教的统一，是做人与做事、教书与育人心意资源的源头活水、不断领悟教育新意的澄明之境；是教师在有限的、平凡的、琐碎的奉献中实现培育和延续精神生命的崇高之境；是教师掌握育人规律、创造育人艺术、形成教育风格的创造之境；是教师感悟教育内容美、欣赏学生个性美、体悟育人过程智慧美、体验生命律动、展开美好想象的美妙之境;是教师在创造过程中物我两忘、发愤忘食、乐以忘忧、不知老之将至,悠然自得的至乐之境。

提高教师的境界有何意义?它不仅关系到教师的存在方式和生命质量,而且决定着教育的质量和学习的深度。学生感受教师的人格美、智慧美、神采美、风度美、境界美,本身就是学习,并且是更深、更高、更远的教育和学习。

"达师之教"的理想境界令人神往,做一个有境界、有品位、有层次的教师是多数教师的愿望。怎样才能达到理想的境界呢?显然,我们不可能一蹴而就、一步登天,但可以通过锲而不舍的积累、升华、超越而渐入佳境,日臻完善。所谓"功夫在诗外",正如一位教育家所说,一辈子在准备。

远志有恒,"为仁由己"。能不能探索教育的大道,能不能成为有较高境界的教师,关键在于教师充分发挥自己的主动性、自觉性和创造性,前提是教师的自我定位要高,仅满足于当一个教书匠,没有更高的自我期待,就不可能提高自己的境界。卢梭说:"有些职业是这样的崇高,以至一个人如果是为了金钱而从事这些职业的话,就不能不说他是不配这些职业的;教师所从事的,就是这样的职业。"

"道始于情"。教师的定位源于对其社会责任的理解和感情投入,教师要有一点天降大任的气魄,充分认识肩负的神圣责任,把对教育的满怀深情,对学生深切的生命关怀,对社会强烈的道义责任,对文化的传承使命,化作探索育人规律的动力。毋庸讳言,育人过程难免有难、有苦、有累、有烦、甚至有怨,需要恒心与耐心,教师要保持一颗平常心。教师只有不畏攀登路途之艰辛遥远,不惧探索中的挫折与失败,忍受住日常工作的平淡与琐碎,耐得住创造中的孤独与寂寞,才能在点滴中看到整体,在片断中领会长远,在平凡中实现崇高,才能走上成长的大道。

对教育的深情、对学生的关爱,是教师能否远志有恒的关键,是教师创造的不竭动力。

博学笃行。教师要有广博的一般知识、精深的专业知识、丰富的实践知识;既要有科学知识,又要有人文知识。宏、约、深、美是教师理想的知识境界。博学源于持之以恒的学习,要学思结合、学用结合,做到学而时习之。多读书不仅可以长见识、拓视野、远眼光,而且还能养性情,所谓"学到深处意气平"、"新学培植转深沉"。要善于积累知识,更要善于活化知识、运用知识,达到触类旁通、融会贯通、高屋建瓴的境地,在教育中能够左右逢源、出神入化。

要勇于培植和创造新知,又要敢于超越知识,追求形而上的东西。既为学,又为道,不仅能"以物观之",而且能"以道观之",要"转识成智"——只有把知识转化为自己的理解、升华为自己的思想和智慧,教师才能从必然王国进入自由王国。就像一位教育家所说:"教师没有真正自己的思想,就没有自己的真理;而没有属于自己的真理,也就没有在真理范围内的精神自由。"

教师要善于闻道,更要善于从道、为道、事道、行道。育人的道理、成功的道路在哪里?归根到底要靠实践,即事才能明理。"纸上得来终觉浅,绝知此事要躬行。"真知来源于实践,知行统一于实践,教育智慧只能在实践中逐步形成。天下大事作于细,难事作于易,行于大道,要从大处着眼、小处着手,积少成多、由近至远,要专注于事,投身于事,精益求精,在事上磨练意志,在事上增长才干,在事上陶冶性情。功到自然成,所谓"尽心知性知天"、"积善成德,神明自得"就是这个道理。

教师要善于超脱于事情,玄览深思,领悟真谛;能超然于事功,淡然处之,保持冷静和洒脱;克服习惯的束缚,探索新的可能,形成三思而行的行为风格。

精思是教师博学笃行的核心环节,是领悟和理解自身工作意义的根本,是知行合一的关键。

思齐相长。教师要成长为优秀教师,就要取法乎上,见贤思齐,学习一切杰出的教育家和优秀教师,从孔夫子到陶行知,从苏格拉底到杜威;不仅要学习其人格和精神,还要学习其理论与方法,像他们那样思考和工作,感受他们的神韵和风采,参透其精髓和底蕴。思齐是正确的方向,也是动力;是成功的大道,也可以说是成功的捷径。

教师和学生结成学习的共同体,教师是学习共同体的首席,带领、引导、帮助学生学习,和学生一道学习,还要向学生学习。《学记》深刻地指出:"学然后知不足,教然后知困。知不足,然后能自返也;知困,然后能自强也,教学相长也。"教学相长是教育规律,是教师成长的必由之路,也是教师与学生建立平等关系的真正基础。陶行知先生说:"先生创造学生,学生也创造先生,学生先生合作而创造出值得彼此崇拜的活人。"

教师以教人者教己,立己而立人、达己而达人、成己而成人。教师首先是学习者,只有做个好学生,才能当个好先生;先教育好自己才能教育好学生,真正做到教、学、做合一。因此,进行自我终身教育,是教师一项义不容辞的神圣职责。教师的成长靠经验的积累，更靠对经验的深刻反思。教师要在反思中知己知彼，获得新自觉；在反思中长善救失，获得新理性；在反思中解决新问题，获得新理解。

教师在对比中找差距，在比较中找优势；在总结中形成规律性认识，在反思中突破成规和定见。自觉、持久、深入的反思是教师实现教学相长的关键环节。

教学相长就是要超越现实，追求理想；自强不息，与时俱进；超越角色，发展个性；超越常规，求新求变。就是要不断开阔新视野，拓展新境界，实现新突破，就像毛泽东主席所希望的那样："有所发现、有所发明、有所创造、有所前进"；最终解放自己，解放学生，达到"海阔天空我自飞"的自由境界。

虽然我们不能及圣，但必须而且能够成为良师。如果能做一个有人生情怀、有事业抱负、有工作智慧、有生活品位、有个人魅力的教师，离教师的高远境界就不远了。

（原载《中国教师》2005年第5期）

辅导员如何进行走上研究的道路

辅导员结合工作进行研究不论对其工作能力的提高,还是个人修养的提升,都有不可替代的作用,可以说研究是辅导员走向专业化发展的关键环节和基础。进行研究主要是改变了辅导员的角色,让辅导员换一种心胸对待问题,换一种视角看待问题,换一种思路解决问题,研究工作使辅导员视野宽了,理解深了,办法多了,境界高了,解决不了的问题释然了。有几句诗颇能表现研究者的心境,所谓:学到深处义气平;新学培植转深沉;山重水复疑无路,柳暗花明又一村;问渠那得清如许,为有源头活水来。

一、研究是做好辅导员工作,向专业化方向发展的必由之路

1. 何为研究?

所谓研究,概言之就是:探求未知、阐明新理;设计未有、创新

事物。陶行知先生在《创造宣言》说过：人人都是创造之人，时时都是创造之时，事事是创造之事。辅导员工作是做人的工作，面对丰富多样的个性和不多出现的新情况、新问题、新形势，要有针对性、实效性和科学性必须创造性地开创工作，而只有深入的研究是创造性工作的基础。辅导员应以研究的心态、思路、行为从事工作必要性，应该说是不言自明的，从工作意义、职责、对象、环境、自我成长等方面我们多能看到它的必要性。

2. 辅导员是天然的研究者。

辅导员处在教育、管理、服务的最基层，这是各种教育问题和矛盾最直接的展现场所，可以说辅导员占据着透视学生成长和高等教育问题的最好观察位置；辅导员面临大量要解决的具体问题，处在教育管理的最前沿，也可以说，辅导员拥有一片教育、管理、服务创新的试验田。辅导员有研究的必要和天然位置优势，因此要有研究的自觉意识和信心，善于"以小见大"、"小题大作"进行研究。

3. 研究什么？如何研究？

研究方法有调查研究、行动研究、叙事研究和理论研究。知识社会学告诉我们，后现代知识型倡导研究的多元化、本土化、叙事话、行动化，有所谓"叙事话潮流"的说法。在这种潮流下，辅导员能够大有作为，知识转型为辅导员从事研究提供了新的可能空间，这就是叙事研究与行动研究。行动研究应该是辅导员主要的研究方式，下面我们主要是就如何进行叙事与行动研究来谈。

二、辅导员如何进行研究

行动研究是对社会实践行动进行研究,研究行动的结构、过程、影响因素、行动之间的联系,宗旨在于提高行动者的自觉、行动效率和质量。辅导员工作是有意义的行动单元组成的,行动既是辅导员工作的主要方式,也是辅导员必须和可以研究的场地。叙事研究以讲故事的方式描述生活的实际过程,透视生活中各种因素的互动关系,在描述生活场景性、变动性、独特性的过程中揭示生活意蕴的丰富内涵。

1. 明确要关注的核心问题。

辅导员要善于观察和倾听,面向事物本身,抛弃成见和抽象概念化的认识,看到了什么？听到了什么,切忌闭目塞听、视而不见、一叶障目,从工作的困难、困惑、困境切入,敏感地感受生活的细微之处,培养问题意识,爱因斯坦说:发现问题比解决问题更重要。在各种各样的纷繁复杂的问题中确定所要重点关注的问题,这个问题首先是自己感兴趣、有意义的,最好还是有推广和借鉴意义的问题,例如,心理问题、就业问题、贫困学生、学风问题等。

2. 围绕问题,广泛收集资料,深度解读资料。

研究是从学习和模仿开始的,首先要善于学习和借鉴,精心研读相关研究个案,学习研究的过程和方法。围绕问题进行系统的"专题性"学习,做到专博结合、学思结合,深入解读资料文献,不仅知道结论,更要知道研究和思考过程,看别人是如何揭示、描述、分析问题和解决问题的,如何得出结论,如何论证和再现结论,对自己有何启发;要深入理解事物,知其然,知其所以然;最终对自己关注的问题能够清晰界定,并制定研究和解决问题的方案。

3. 做中学,模中创,学思结合,知行合一。

在做中学,模中创,见贤思齐,看看别人在实践上是如何解决问题的,更重要的是在理论上搞清楚为什么这么做,从本质上去理解,所谓"知其迹,知其所以迹",寻找榜样和目标,找到差距和接近的路径;大胆尝试,精心组织,及时调整,在实践中深化认识,在深化中拓宽思路;知行统一,形成实践创新和认识升华的互动机制,在解决具体问题过程中揭示事物之间的联系和矛盾。

4. 深入反思、教学相长。

尝试性、探索性工作经验是非常宝贵的,我们不能等其自然升华,而要对自己的行动进行分析,进行深入的思考升华到规律层面的认识。主要过程包括自我对话,他者视角,理性关照;要做到知己知彼,由事而理,加深对工作对象的理解,工作过程的理解,工作条件环境及关系的理解;做到长善救失,教学相长。

5. 提炼成果,分享经验。

研究过程获得的认识要在反复提炼中不断深化,凝炼主题,精心组织材料,锤炼语言,在与虚拟读者的对话交流中,使自己的认识更理性、更清晰和具可接受性,最后,形成可以交流的正式文本,如写报告、论文等形式发表。

三、几个具体建议

1. 在日常工作中提高问题意识和研究的基本能力特别是写

作能力。

2. 看入门书和经典著作,教育学、心理学、社会学、管理学的经典著作和教育管理者的权威著作是必读的,如耶鲁大学鲁文校长的《大学工作》。

3. 从小问题、具体问题入手,由浅入深,逐步形成问题链。

4. 注重知识、经验、资料的积累,所谓真积力久,自然成熟。

5. 重视交流,相观而善,共同进步,取长补短。

去年我校残疾人高等教育创办20年庆祝活动期间,我有感而发,曾写下几句话,以此与年轻的辅导员们共勉:

铁肩担道义,丹心育英才,慧眼识大道,妙手绘新篇。大家注意,以上几句当中包含四肢唯欠腿脚,意在脚踏实地,勇敢地迈出第一步!

(2006年6月)

走进阳光地带

——滨州医学院残疾人医学系素描

1985年9月12日是一个很普通的日子,然而在滨州医学院的发展史上,却具有特殊的意义。就在这一天,我国第一个专门招收残疾青年的大学本科系——残疾人医学系诞生了。来自全国12个省市的57名残疾学生带着梦幻般的感觉,真实地踏进了大学校门。日月穿梭,物换星移,残疾人医学系从无到有,从小到大,从稚嫩到成熟,已走过了15年的风雨路程,它将一批批青年迎进怀抱,又把一个个学子送出校门,其中的故事很多,宛如一支不老的歌,在每一个春夏秋冬诉说。

一朝梦圆在滨医

对很多青年朋友来说,进大学深造也许是一件顺理成章的事情，可是残疾青年的求学路却充满曲折和艰辛。黄建臣，是三晋大地的一名优秀学子，四次参加高考，四次超过本科录取分数线，却因双腿残疾，又四次名落孙山，沉重的打击几乎使他丧失了生活的勇气。安徽籍考生张雷，高考分数超出本省重点大学录取分数线69分，终因左眼残疾，而被大学拒之门外，他投书《半月谈》，请求"社会还我一个公道！"

其实，黄建臣、张雷，仅是众多渴望深造的残疾考生的一个缩影。早在1985年前，全国还没有一家可供残疾学生考读的大学。看到许多有志青年因残疾，失去了接受高等教育的权利，痛惜之余，一个大胆设想摆上了滨州医学院党委的重要议事日程：为社会分忧，为人民群众分忧，为残疾青年成才铺筑一条阳光之路。为了开办这项功德无量的事业，残疾人医学系的创立者们备尝艰辛，历经波折。经过不懈努力，在上级领导机关的热情关怀和人民群众的大力支持下，神话终于变成了现实。面向华北、华东地区公开招收残疾学生的想法得到了中残联、卫生部、民政部的充分肯定和大力支持，山东省教育厅、卫生厅联合发文，同意滨医创办残疾人医学系，从1985年开始招生。1985年9月，黄建臣五度高考后，作为首批残疾学员终于跨进了滨州医学院的大门，圆了梦寐已久的大学梦。时隔11年，《半月谈》杂志上《谁来帮帮这个农民的儿子？》的呼吁，再一次牵动了滨医领导老师的心：怎能让这样优秀的考生无学可上！学校决定破例录取张雷到校就读。电话在滨医、《半月谈》杂志社、安徽省招办、淮北考生张雷之间频繁往来，迟到的春天终于在大学招生结束两个月后莅临，张雷正式成为滨医大家庭的一员。时间定格在1996年11月5日，对于这个决定他命运的日子,张雷说他永远都不会忘记。

十多年来,学校收到了全国各地残疾青年及其家长亲友来信两千多封。他们在信中诉说自己的人生挫折和对知识的渴望,表达了愿意到校就读的愿望。有的家长还千里迢迢来到学校要见见领导,感谢这个"办了天底下第一件大好事的学校"。港澳台地区同胞也来人来信,要求送他们的亲友、子女来校上学。

滨州医学院残疾人医学系的创办,圆了残疾学生的求学梦,通过教育和康复治疗把这些青年培养成了服务于国家和人民的有用之材,由此,在社会上进一步树立和丰富了滨医形象,在残疾学生中激发和培育了一种自强不息、积极进取的精神。它的意义,远远超出事情的本身。

雀燕一展鸿鹄志

1997年秋,德国菲利普斯大学,在世界第五届睡眠呼吸障碍大会上,一位个头不高、黄皮肤、黑眼睛的残疾青年和他宣读的论文,引起与会者的一致关注。他就是刚刚获得北京医科大学呼吸内科博士学位、1992年毕业于滨州医学院残疾人医学系的韩芳。

韩芳来自山西农村,在校期间一直担任学生干部,热情和责任是他工作的动力。组织活动、交流思想、化解矛盾,班级和同学成了他生活的一部分,但韩芳更明白大学对他来讲意味着什么。挑灯夜读,闻鸡起舞,他要用实力证明残疾人同样是强者。五年的卧薪尝胆换来丰厚的回报:1992年,韩芳以同校同科考生总分第一的优异成绩考取北京医科大学硕博连读研究生。现在北京市人民医院呼吸内科的韩芳已经拥有自己独立的实验室和科研设备。回首往事,韩芳深情地说:无论走到哪里,我都会自豪地说,没有滨医的五年,就没有我的今天。是的,虽说"师傅领进门,修行在个人",但"修行"成功与否,"师傅"责任重大。残疾人高等教育的生命在于质量,高质量才能获得生存和发展。为此,系里根据残疾学生特点,持久开展"自尊、自强、自信、自立"等系列教育,使他们懂得困难可以磨练意志,让人更加坚强,只要奋斗,就会有机会。十多年寒来暑往,一大批身残志坚、自强不息的优秀学生以实际行动证明了自己的价值:顾水祥,人送外号"顾黎明",总是天不亮就起床,成为教室的第一个占有者;张学武,被戏称为"张半夜",总是最后一个离开教室,回到宿舍常常已过半夜;重残学生孟凡钊,历经曲折分配到山东昌邑市中医院时,人们都替他捏着一把汗,可几年过去,他已是当地小有名气的一位内科大夫,成了医院响当当的业务骨干;连续三次受中残联表彰的"山东省十大优秀学生(1995)"殷兆方工作之余勤奋不辍,以优异成绩考取上海第二医科大学硕士研究生。

滨州医学院残疾人医学系,像这样的例子,举不胜举,一组简单的数字可见一斑:406名学生完成学业走上社会;38名残疾生考取硕士、博士研究生(其中6名获得博士学位),仅1992年就考取4名,且考分为同校同科考生第一;60名学生获得中残联奖学金;8人获"德敏学习成才奖";3人得到省教委表彰,1人获全国"三好学生"称号,90、93级获山东省"先进班集体"称号,45人光荣地加入了中国共产党……

微笑面对人生

著名教育家苏霍姆林斯基认为,教育的实质就是培养"全面和谐发展的人,社会进步的积极参与者"。的确,学校既是学生学习知识的沃土,更是学生的精神家园。在残疾人医学系,大家有这样的共识:我们培养的学生应该具备充实的知识和健全的人格两个方面,而人格健全尤为重要。针对残疾学生心理特征,有效进行心理康复治疗,系里为残疾学生建立心理档案,了解他们的个性特征,有的放矢地开展心理康复工作。事实证明,残疾学生完全可以以自尊自信自立的形象活跃于校园,立足于社会。在这个特殊的群体里,处处让人感觉到的是团结、互助、参与的集团意识和勤奋、正直、乐观的个性特征。任乐就是其中的代表。在滨州医学院,没有人不认识任乐,她甜美的微笑像一道亮丽的风景,驱走了多少人心中的阴影。九岁时的一场车祸轧去了她的右腿,也轧去了不知多少本该属于她的快乐。"没有比脚更长的路,没有比人更高的山",是张海迪的故事帮她找到了坚强和欢乐。在学校,她一直是系里的骨干,是同学们的贴心人,是乐观向上的天使。她曾悄悄地从每年的生活费中挤出500元帮助班上一位特困的同学;她端庄大方的形象曾给来滨医访问的美国加州圣迭戈医学院院长一行留下了极为深刻的印象。在学校的各项活动和比赛中,人们经常会发现她的名字,她优美的朗诵已成为学校历次文艺演出的保留节目;在图书馆、阅览室,人们经常会看到她娇小的身影,她钻研知识的认真苛刻在同学中无人不晓。天道酬勤,从1994年入学至今,她连续四年综合测评年级第一,两次获得中残联"德敏学习成才奖",1997年获山东省"十佳三好学生"称号,1999年又荣登全国"三好学生"榜。

走进残疾人医学系,在每个人身上,你都会发现一些让人难忘的东西:当心急如焚的同学们为身染重病的同窗爱心募捐时;当绣有"滨州医学院残疾人医学系"字样的红旗高高擎起在五岳泰山极顶时;当殷红的血液伴着深情流入素不相识的病危儿童的体内时;当你帮我扶、步履从容的走上大学生艺术节的舞台时,你会感到这是一种境界,一种精神,一种用微笑和坚毅支撑的信念。五年的大学生活,让他们懂得了很多,他们学会了读书,学会了娱乐,更学会了如何做人。一位毕业已久的学生在给母校的信中说:对母校的感情,是绿叶对根的情意,残疾人医学系,不仅教会了我知识,更重要的是赋予我一种精神,它会让我受益终身。

特色之路,上下求索

为了全面了解已毕业学生的工作与生活情况,征求他们对发展残疾人医学教育的建议,残疾人医学系近期开始对已毕业学生进行追踪调查:赵力博士从北京医科大学寄回了调查资料,席思川博士从香港也寄来了资料,谢丽福寄来了当选浙江丽水市"十大杰出青年"的证书,有的同学还寄回了全家福,从照片中可以看出他们生活的幸福……残疾人医学系的领导和老师们沉浸在丰收的喜悦中。实践证明,残疾人学医是一条图生存求发展的好路子,当初创办这个专业是完全正确的。回信中他们满怀深情地回忆美好难忘的大学生活,感谢滨医为他们成长创造的环境和领导老师所付出的艰辛劳动,他们向老师们畅述奋斗的欢乐,对残疾人医学系的发展知无不言献计献策,每每以"咱们二系人"自居。(在滨州医学院为与临床医学系相区分,残疾人医学系被称为二系)他们已和医学二系建立起割不断的联系,这种联系是有形的,更是无形的,是物质的,更是精神的——这就是滨医师生共同创造和培育的自强不息精神。

在残疾大学生身上有了一股自强不息的奋斗精神,滨医的教育者们构筑了"灵魂工程",这就是坚持"三个面向",以培养"四有新人"为目标,把"四自"教育(自尊、自爱、自信、自立)作为主要内容,以邓小平理论为指导,继承和发扬中华民族"自强不息"、"厚德载物"的优良传统,在朱彦夫等当代楷模英雄主义精神感染下,高扬自强不息的主旋律。

自强不息的精神激励他们发奋学习,努力成才。创办之初,邓朴方同志曾要求残疾人高等教育要有与普通教育"相媲美的质量"。滨医人可以自豪地说,残疾人医学教育不仅有与普通学生相媲美的质量,而且不少指标遥遥领先,他们考试的及格率、优秀率一直名列学院前列,大学英语四、六级考试通过率、优秀率不仅远远高出全省平均水平,而且也远远超出全国重点大学的平均水平。在各实习基地,残疾大学生的操作能力和良好的医德受到实习医院和患者的称赞。

自强不息的精神激励他们广泛参与社会和校园活动,全面丰富和提高自身素质。在学院学生社团半数以上的骨干是二系学生,学生积极参加社会实践活动,每年都有多篇调查报告获省院奖励。二系学生是校园文化活动和文明建设的生力军。滨医为残疾大学生成才提供了机会,更创造了环境,这是一种充满尊重和激励的环境,是一种给他们平等机会而又照顾他们特点的环境。滨医把创办和发展残疾人高等教育看成是展示社会主义大学形象和精神文明建设成就的窗口,残疾大学生们牢记使命,珍惜机遇,树立强烈的形象意识,他们不仅代表当代中国残疾人的形象,更代表中国残疾大学生形象。在1997年山东省高校教学评价和1998年山东省校园精神文明建设评价活动中,二系同学提出了"把窗口擦亮"的响亮口号,自始至终在各个方面展示了大学生发奋成才和文明守纪的良好形象,优良的系风、班风受到专家组一致的好评,18个宿舍被评为"文明宿舍",25名同学获校园文明建设"先进个人",两个班级被评为"先进班集体"。

滨医二系学生的舞台很广阔,他们的世界很精彩。最能体现他们生活情趣和格调的是他们的"家"——宿舍,宿舍不仅是安身之所,更是创造之地,在此创造出奋发向上的氛围,团结友爱的和谐关系。其洁、其净,是勤劳和自律的结果;其雅、其美则是其精神追求的体现,宿舍有花香幽幽,有名家书画,更有学生言志抒怀之作,各有韵致,成为滨医一景,也闻名省内高校,参观者来滨医必看他们的宿舍。1998年冬,来自福建漳州的黄彩云同学要为宿舍文化添彩,让家里寄来一大包水仙,于是水仙飞落所有二系宿舍案头,于是寒冬里春意盎然,水仙冰清玉洁的风姿正是残疾大学生精神风貌的写照。

残疾大学生要做时代的弄潮儿。最能体现他们挑战精神的莫过于对计算机技术的迷恋。"工欲善其事,必先利其器",为了提高学生的竞争能力,培养一专多能的复合型人才,二系在全国统一教学计划之上强化了计算机教学,学院为方便二系同学学习,在宿舍内专门建设了计算机房。学生利用一切可利用的时间,在十多台计算机上苦练深钻。"畅游信息世界不嬉不随,挑战科技革命不厌不倦"是他们的座右铭。所有同学通过了山东省大学生计算机合格考试,目前已有十多名同学通过了全国计算机二级考试,通过全国更高级的考试已成为二系同学的新目标。

滨医人就是这样,不断向新高度挑战。十多年前,筚路蓝缕,开风气之先,十多年后,办学特色初露端倪。面对新世纪,机遇与挑战同在,中国残疾人高等教育发展之路,其漫漫远兮,滨医人发扬自强不息的粮神,上下求索,一定能不断开辟新天地!

(原载《飞吧,鸽子》)

仁心妙术谱写生命赞歌

——滨州医学院特殊教育学院校友访谈实录

2015年,滨州医学院残疾人高等教育创办三十周年。三十年来,我们见证了中国高等特殊教育的发展历程,也从滨州医学院校友的生活中体会到了时代精神流转的微痕。为了纪念这段光辉的历程,我们邀请了十位残疾校友,围绕着他们的生活、工作进行了访谈。他们是:赵丞智(1985级校友,现为北京回龙观医院精神科副主任医师)、谢丽福(1985级校友,现为浙江省丽水市残联主席团委员、丽水市残联党组成员、副理事长)、韩芳(1987级校友,现为北京大学人民医院呼吸科主任医师、博士生导师)、刘俊德(1991级校友,现为中石化胜利油田滨南医院副主任医师)、马永(1992级校友,现就职于山东省艺术研究所戏剧、音乐研究室)、王宇(1994级校友,医学博士,现为河北大学医学部讲师)、闫虎泉(1996级校友,现为浙江壹诺康生物科技有限公司经理)、郑厚峰(1999级校友,现为哈佛大学助理教授、蒙特利尔大学博士后)、马保国（1999级校友，现为滨州邹平县中心医院病理科主任）、马小松（2004级校友，现就职于安徽省残疾人联合会维权部）。他们的故事，平凡而普通；他们的精神，执着而深刻。他们用心经营着自己的生活，也期待着社会对残疾人教育的重视和关爱，更期待着大众对残疾人新的态度和观念。让我们走进他们的精神世界，从他们的心声中聆听中国特殊教育奏出的一曲美妙交响。

问：您认为接受教育给您的思想、生活和社会交往带来了哪些改变？

韩芳：教育对我的改变是巨大的。我不但有机会上大学，而且成为一名硕博连读研究生。通过五年的努力，拿到了博士学位，成为咱们国家第一个研究睡眠的医学博士。我先后到德国等地进行学术交流，又到美国去做了两年的助理教授。回国后，我一直在北京大学人民医院做呼吸睡眠研究，慢慢成为了一个比较好的临床大夫，在临床和研究方面在国内有了一定影响吧。在这些年所受的教育中，滨医对我的影响是最大的。我不仅掌握了一门技能，而且思想上取得了很大提升。上大学之前，因为残疾，我不敢在人面前走路，怕别人笑话，很封闭，社会活动很少参加。后来到了滨医，我有了展示自己的机会，当了我们班的班长，后来当过系里的团支部书记、学生会主席，还当过学校的学生会副主席，这样一个过程是很锻炼人的，因为工作的需要，我必须去面对人，接触人，跟人打交道，逐渐地与人交流就没什么问题了，这对以后的工作帮助很大。作为临床大夫，我要经常跟人打交道，不仅跟国内的，还要跟国外的打交道，就必须要有很强的心理素质和交往能力，消除残疾带来的一些阴影。就拿骑自行车来说吧，我过去认为骑自行车是不可想象的,不能跑怎么能骑自行车呢?到了滨医以后,看到有些同学拄着拐杖都能骑自行车,我为什么不能骑?所以上大学的第一个寒假回家,先把自行车学会了,现在我又能开汽车了。在滨医,同学们一块儿相互影响,相互促进,相互取长补短。

谢丽福:在这个高度发达的年代,没有知识,你的工作能力和成就不可能很大。残疾人生理有缺陷,体能比较弱,或者说交际能力比较差,从事体力工作就是弱项,只有用知识来弥补自己的不足。对于我自己来说,知识改变了我的命运。我刚开始是想学一门技术或者手艺的,没有上大学以前人家认为我当老师上不了课,当营业员拿不了东西,当工人干不了重活。后来大学毕业后,很多医院提出相当优越的条件,要把我作为人才引进。我们医院挂号的大妈说:像谢医生这样的残疾人,我们医院是越多越好。

赵丞智:残疾人必须接受教育,而且必须接受正规的国民文明教育。接受教育其实不仅是获得知识,更多的是给残疾人提供成长的机会,包括人格成长、心理成长以及精神社会化。身体的限制导致了机会的限制,残疾人比健全人缺的正是社会化机会。如果健全人不接受国民教育,他可能会有社会化机会;但残疾人如果不接受教育的话,他的社会化机会可能几乎为零。所以,我认为知识改变命运,但是知识是重要的但不是最重要的,重要的是通过接受教育让残疾人有机会进入社会,在心理上认同自己是个社会人,相信自己有能力参与社会活动,为社会做出有价值的事情。

闫虎泉:我个人觉得,接受了教育,对我最大的改变就是看事情的角度和理解问题的方式有了很大改观。大学真正的目的在于教育,让你多接触一些东西,看到大一些的世界。特别在"三观"定型时期，良好的教育会把自己的格局、眼光、思路放到另一个高度和维度，会多读一些书，多接触一些思想，找到更好的自我定位，让人生观、世界观、价值观从此发生一个质的改变和飞跃。当时我报考北京师范大学没被录取，心理还是压抑和抗拒的，但自从上了滨州医学院，当我看到其他残疾人的经历和遭遇比我还坎坷时，我心里便想，哦！原来世界上还有比我更需要帮助和理解的人。这就对我有一个思想上的教育，就是永远不要认为你是这个世界上最痛苦的人。当你觉得自己没有鞋的时候，你想想看，还有人脚都没有。具体来说，我觉得大学教育从三个层面影响了我：一是大学的课程教育让我增长知识，开拓视野；二是宽松的教育环境，让我接触到社会上一些未知的领域；三是大学给了我参与社会交往的勇气和机遇。我原来左手残疾，初中的时候报考师范学院，没被录取，高中也同样没被录取，心里很压抑，甚至上有点玩世不恭的感觉。但到了大学后，我渐渐放下心中的负重，沟通能力大大提高。

问：在滨医学习的几年中，滨医带给您最大的文化营养是什么？这样的教育和文化环境培育了怎样的残疾人文化和残健融合文化？

马小松：残疾人的心理问题是一个很大的问题，有的心理问题轻一些，有的心理问题重一些。有的人可能偶有表现，有的人可能掩饰得很深，有的人可能就非常非常明显。有的残疾同学上大学的时候不敢抬头，不敢和人接触，甚至走在路上都怕被别人看见。高中时，当我走在大街上，就会很在意别人的眼光，但是我上大学之后，我发现滨州医学院最大的文化营养就是对残疾学生的包容。

在滨医,老师对健全学生和残疾学生都是一视同仁的,任何一个人对残疾学生没有一点异样的眼光,每个滨医人都会觉得这是很正常的,这是让人很舒服的。我们就是一个正常人,就是一个普通人。当然在我们需要帮助的时候,他们发自内心的、很真诚的、很自然地帮助我们,这样也很容易让我们接受帮助。我们滨州医学院从1985年就开始搞残疾人教育,这么多年的文化氛围,明显地影响了所有的学生。举个例子来说,上高中时我开始住校,住校的第一天晚上让我记忆犹新。我第一天晚上是当别人把灯熄掉之后洗的脚,我怕别人知道我身体的真实情况,怕别人对我有异样的感受。可我来滨州医学院之后,感觉就完全不一样了,我们二系都是身体有残疾的学生,就无所谓了,这让我豁达了许多。我毕业之后在滨州附属医院上班,夏天就穿着那种很休闲的短裤去上班,尽管看起来一条腿粗一条腿细,医院里来来往往的人不时地看我,但我心里特别坦然,这就是滨医的文化营养带给我的转变。

谢丽福:滨医给我最大的收获不仅是学到了医学知识,更获得了一种精神的力量。滨医的校训是:仁心妙术。以仁爱之心对待别人,包括同学、同事和病人等等,靠刻苦进取获得精妙的医术。滨医特教学院设置非常好,残疾人作为一个集体,学校在校园设置、课程安排上为残疾学生作了精心的规划,残疾学生会得到更多更人性化的照顾。同时,这个团体又是学校的一个有机组成部分,很多课程和集体活动残疾学生与健全生是一起参加的,在整体上实现了全纳教育,它容纳健全和残疾学生,反对歧视与排斥,促进积极参与,注重集体合作,满足不同需求,是一种没有排斥、没有歧视、克服了残疾和健全分类的教育,给了我们一个与健全人交流和接触的机会。从残疾人文化上来说,不仅培育了一种自尊、自信、自强、自立的精神,同时培育了友善互助、吃苦耐劳、开拓进取的精神。残疾学生由于和健全学生一起共处五年而更加自信,更加能够适应以后的工作环境;健全学生由于和残疾同学一起而备受鼓励,在帮助别人的同时人格得到升华,在未来的工作中会更好面对病伤残者。这样的环境培育的是友爱互助、发奋图强的残健融合文化,这是对"仁心妙术"的很好诠释。

马保国:记得滨州医学院二系(滨州医学院特教学院前身)学习委员会有一个口号,也可以说是一种精神,就是自强自立,自尊自爱。在二系里面,残疾同学们一起学习和生活,跟一系的健全同学一样。在校园里,我们经常和健全同学交流,共同参与一些社会活动,减少沟通的障碍。对待残疾人学生,人们就像天使,充满包容和理解,没有那种歧视和另类的眼光。学校考虑到我们的特殊需要,在住宿等方面给了我们特殊的照顾。这样的人文环境,对残疾学生的成长起到了一个很好的促进作用。

问:您对医学最大的体悟是什么?

韩芳:第一,医学是很实用的一门学科,特别是临床医学,它能够治病救人。对于残疾学生,这一点体会就更深了,不仅可以医治别人,还可以一定程度上解除自己的痛苦,缓解自己身体的不方便。第二,医学是很深奥的。在医学研究方面,我们选定一个新的方向,探索一些新的未知的东西,不仅是对我们国家的人民有帮助,还可以对世界上的医学作出一些贡献,发出一些人类公共的声音。

谢丽福:学医最大的收获是让我有了自信,走出了生活的困境，能够做自己喜欢的治病救人的工作。人的幸福就是能够做自己喜欢做的工作，而学医就让我找到了幸福。从医生涯中，我的收获是能够为别人做事情，给别人帮助，有很多人慕名而来，千方百计找到你，你治好了他，这种成就感是别的任何事情无法替代的。我对医学最大的体悟是：善待自己、关爱他人。

郑厚峰：医学是一门永远值得人们苦苦求索的学问。我觉得，现在的医学是比较落后的。我们通过研究，就会发现很多病的病因都是不明的，就连高血压、糖尿病等常见病也是如此。目前，对于很多疾病，都是治标，其实在医学里面是没有根治这一说的。我们对本身的了解还是很初级的，人是一个非常精密的仪器，每一个步骤都有很精确的联系，对于人的内在环境，我们现在的了解只是一个点，而不是一个面。就我们现在的研究基因来说，主要运用两个手段——疾病和基因的关系，这是两个点的联系，但是从基因到疾病还有很多中间的过程，应采用网络化的研究模式，不断进行探索。

刘俊德：学医看病，治病救人，很有意义。进入了这个行业，要不断地钻研业务，掌握技能。懂了医学之后，救死扶伤就是我们每一个医生的分内职责，一定要尽职尽责，讲人道主义。医学不像其他专业，是一个干到老学到老的专业，俗话说的"医生越老越值钱"就是这个道理。另外，医生这个职业人命关天，来不得半点马虎。

问：请结合自己的经历，谈谈残疾人应当怎样培养自己的特长，开发自己的比较优势？

王宇：对于残疾人而言，经历了一些生命坎坷后，我们会珍惜一切机会，比别人更加懂得珍惜，更加懂得努力。作为一名大学老师，我会结合自身的一些经历，在课堂上给予更多人一定的激励。现在学生学习紧张，就业压力大，常处在彷徨之中，我可以把自己的经历和体悟潜移默化地付诸于对他们的教育上。

马永：对于培养特长而言，我认为首先要注重天赋，即到底适合做什么。其次就是要遵从自己的兴趣。对于残疾孩子，早期教育也不一定选择特殊教育，因为特殊教育有圈定的倾向，不利于每个个体潜能的开发，如果我去了特教学校，一定跟现在不一样。当然，对于聋哑人、盲人、智障人，这些必须进行特殊教育的人群，也要注重在特殊教育中发现并发展他们的特点和特长。

问：您觉得残疾人社会融合的关键环节是什么？

韩芳：我觉得有三个方面。一是正确面对残疾这个客观事实，因为它对人的身体、心理都会造成很多影响。当然，在国际上，特别是美国、欧洲一些发达的地方，观念已经有了很大的改变，认为任何人都有他的限制，包括残疾人。二是拥有残健融合所必须的社会机制，社会应为残疾人创造很多平等参与的机会，使广大残疾人有了适合的工作和生活。在我们中国呢，这一点还是有很大差距的。特别是在我们滨医招收残疾大学生之前，这一点就更加突出。当然现在这种情况有了改善，但改善还远远不够。我觉得，滨医招收残疾大学生最大的意义就是不仅仅培养了一批人，解决了一批人的生存问题，最重要的是社会观念的变革。三是残健融合需要良好的教育模式。残疾人需要什么样的教育模式，不同的国家各有不同，比如西方随班就读比较多，各种设施很齐全，学校还配备了很多健全人为残疾人服务，残疾人在这里学习很方便。残健融合的前提是社会观念和社会资源要跟得上。我们国家资源有限，我认为在教育模式上还是滨医的比较好一点，就是一批残疾人在一块儿，有限的资源集中利用，心理辅导和技术传授等等都一体化，甚至包括康复也能做到一块儿，有专门的专家教师去指导，很多的残疾人彼此不封闭自我，能够互相学习，互相交流，经过大学培养以后走向社会，为残疾人融入社会提供了基本素质和条件。

刘俊德：自卑感是制约残疾人社会交往的最大瓶颈。残疾朋友一定要克服自己的自卑感，摆正心态，只要有足够的自信，健全人也就不觉得残疾人有什么交流障碍。

马小松：我感觉残疾人最重要的是走出去，主动与人交流，有时候你不与人交流，人家心里感觉也是别别扭扭的。要善于展现自我，善于与人沟通，与人交流，与人交心，与人互动，与人合作，与人学习，这样才能更好地与社会融合。

马永：无障碍设施是残健融合的关键因素。我觉得，最终的无障碍建设在人们的心中。我说个亲身的例子吧，我妻子也是残疾人，比我程度轻。有一天，我和妻子去银座商城逛完之后上了电梯，打算出去之后打车回家。有个穿西装的小伙子和我们一块上的电梯，出去之后就等在门口，因为他看到我们推轮椅比较费劲，就说我来推吧，一直把我们送上车，我感激地对他连声说谢谢！当时我很感动啊，心想有别人帮助我就无障碍啦！

问：您认为残疾人在爱情婚姻上应当注意的问题是什么？家庭给您带来的最宝贵的东西是什么？

马保国：有了家庭后，无论是生活上还是工作上，都会产生一些责任和担当。家庭带来最宝贵的东西是美满幸福。我现在幸福指数就比较高,生活没有什么很大的挫折,工作顺心,妻子体贴,孩子懂事,压力相对比较小了,对自己的生活比较满足,没有那么多的欲望,是一种非常好的生活状态。

马永:很多残疾人都希望找个健全人,为什么呢?理由很简单,因为"我需要有人照顾我"。找个对象就是为了照顾你,这婚姻肯定幸福不了。人应该相互照顾,至少你也要有照顾他(她)的地方。我不是一个在婚姻观念上世俗的人,但是有些是应当被理解的,比如门当户对。往往幸福的婚姻都是门当户对的,现在我们可以换种说法,所谓的门当户对,也可以理解为文化程度相当,有共同语言。

谢丽福:在婚姻和爱情上,一方面,残疾人要客观地评估自己,不要好高骛远;另一方面也不能太自卑,要有积极的心态去面对,随时调整好心态,如果你自己都看不起你自己,别人怎么看得起你啊!

问:您对目前的工作状况满意吗?是您心目中的理想状态吗?对未来还有哪些期待?

闫虎泉:从 2001 年毕业以后,我换过四个工作。对于工作的状况,我比较满意。因为我一直保持我的初心,不管到哪个地方工作,不管什么原因使我离开,我始终坚持两个原则,一是始终珍惜给我工作的这个机会;二是始终不会说我离职的这家单位的任何坏话,不管是在就职期间还是离职后,我都不会抱怨。在工作过程中,总会有些不如意,但我们要接受现在的不如意,要有一个目标,为了这个目标而努力,而不是抱怨,抱怨是解决不了任何问题的。

人总要有一点理想和精神，就是要努力在工作中实现自己的个人价值和社会价值。

马小松：我现在从事残联工作，在生活质量、工作强度、工作热情上，我都是比较满意的；满意的同时，我对工作也有不满意的地方，不满意的是，整个国家、整个社会对残疾人事业的关注度不够，残联的地位和作用还有待提高，尤其是在帮助残疾人解决实际困难和切身利益的方面还有较大差距。在工作中，我们要努力认知社会，社会是最好的老师，也是最大的课堂。经历了社会的洗礼与磨难才能够慢慢地成长，才能成为一个合格的或者成功的人士。

问：您关注现在的残疾人教育吗？您对优化残疾人教育模式还有什么意见建议？

谢丽福：我非常关注残疾人教育，我们对残疾孩子从幼儿园到大学进行补助，就是我们颁布的市政府令的一项内容，而这个政府令就是我牵头起草的。我现在还经常自学，学医就是要学到老。对于优化残疾人教育模式，一是要拓宽残疾人受教育的渠道；二是加强网络教育，包括残疾人利用网络进行全日制教育和继续教育；三是进一步优化教育教学环境。滨医的教育教学环境是比较好的，而有些大学对残疾人的无障碍环境可能还要继续优化；四是提升残疾人教育的教学水平。残疾人情况千差万别，要适应他们个性化的需求，因材施教，可能对他们以后的生活和工作更加有利。

王宇：现在社会在不断进步，大家对残疾人也越来越关注，残疾人教育的关键就在于让残疾人平等地接受教育。残疾人的级别不同，接受的教育也应当不同。作为滨州医学院特殊教育学院的学子,我们都是新时代残疾人教育的成果,我们本身就传递出这样一种信息:社会越进步,残疾人就越有接受教育的平等机会;我们成绩越高,社会对于残疾人的关注度就越高。相信中国的残疾人教育事业会越来越好。

滨州医学院特殊教育学院 30 年的教育求索,是中国残疾人教育的缩影,反映出中国残疾人高等教育从无到有、由弱到强的发展历程,透射出中国改革开放 30 多年的文明变迁;以上十位残疾校友,是中国 8500 多万残疾人的缩影,他们的人生经历和心灵体验表现了中国残疾人自强不息、奋发向上的精神风貌。30 年来,从滨州医学院特殊教育学院走出了许多残疾大学生,他们珍惜机遇,敬业勤勉,许多校友成为了祖国各条战线特别是医疗战线的骨干,用仁心妙术谱写了一曲曲生命赞歌。从他们身上,我们感受到了三种力量:一是教育的力量。教育教会了残疾学生生存发展的技能,补偿了残疾人肢体的残障,促进了残疾人身体的解放、心灵的自由和人生的升华。二是残健融合的力量。包容开放的残健融合让残疾人和健全人彼此认同、平等交流、共同创造。在尊重差异的基础上,残疾人忘却残障带来的自卑与封闭,健全人忘却对残疾人缺憾的过分顾虑,在共同参与社会中体验"超越、融合、共享"的魅力。三是残疾人主体蕴藏的潜在力量。实践证明,只要为残疾人提供足够的社会补偿,开发残疾人的比较优势,唤醒残疾人的生命自觉,残疾人同样能够释放出强大的生命潜能,超越自我,奉献社会,书写人类文明进步的动人篇章。滨州医学院特殊教育学院是广大残疾学子实现梦想的舞台,我们相信会有越来越多的残疾青年在这里庄严起航,放飞自己的美丽人生;我们也相信,随着社会的文明进步,会有越来越多的大学像滨州医学院特殊教育学院一样,成为残疾青年成才的摇篮;我们更相信,在实现中国梦的伟大实践中,会有越来越多的残疾人创造生命奇迹,实现自己的人生梦想,为祖国和人民奉献自己的青春和力量!

[本课题受到中国残疾人联合会研究课题"中国残疾人大学毕业生发展状况研究"(2012&YB001)支持,张九童执笔]

中国残疾大学毕业生发展状况研究

一、研究背景

我国第二次残疾人抽样调查和监测(2006年)表明,残疾人整体受教育水平与健全人相比较仍存在较大差距,"知识鸿沟"是造成残疾人生活质量和发展水平较低的重要原因。因此,提高残疾人受教育水平是提高残疾人整体发展水平的根本措施,中央关于加快残疾人事业发展的一系列重大部署都把发展残疾人教育作为关键举措。在此背景下,关注和研究残疾人大学毕业生发展状况就成为一个有重要意义的课题。虽然,残疾人大学毕业生群体总量规模仅有万余,但他们不仅是一个统计学意义上的特殊群体,而且是教育学、社会学和文化学意义上的特殊群体,在8000多万的残疾人和数千万的大学毕业生群体中他们可谓"凤毛麟角",他们的发展有示范意义和引领作用,最能体现"知识创造价值、教育改变命运"的成长发展规律,他们成长具有研究教育成长规律的典型意义;他们的工作和生活具有启迪和昭示作用,能生动展示残疾人巨大的发展潜能,说明他们同样是社会物质和精神财富的创造者,是具有相对优势的劳动者,具有研究残疾人通过参与和适应社会获得发展的普遍意义;他们也是社会变迁忠实承载者与和谐社会建设的积极参与者,他们的实践具有研究社会变迁、发展规律的特殊意义;同时,他们也是活跃于各个层面现实的生活群体,他们的生活诉求、发展愿望、社会期待也具有现实意义,特别值得关切。总之,残疾人大学毕业生是教育受益者、社会诉求表达者、文化价值体现者、社会信息承载者,对他们的发展状况进行全方位、多侧面、大跨度的调查研究,采用多学科的视角和方法进行群体特征的描述、内在关系的揭示、多元信息的解读,是十分必要的,这是对于深化我国残疾人事业研究、加快残疾人事业发展具有重要意义的课题。

我国的残疾人高等教育起步于残疾人事业的建新开拓时期。1985年,在当时中国残疾人福利基金会,特别是时任理事长邓朴方同志的大力关怀支持下,滨州医学院创办了我国第一个专门招收残疾青年的大学本科专业(医学二系)。此举推动了国家的文明进步,在国内外引起了强烈反响,得到社会各界广泛关注和高度评价,成为我国残疾人事业发展和高等教育发展的标志性事件。此后,长春大学、天津理工大学、北京联合大学先后创办残疾人高等教育。目前,我国残疾人高等教育已初步形成多专业、多层次、多样化的集中与分散相结合的办学格局,培养了一大批优秀人才,残疾人教育受到了国内外的广泛关注和赞誉,成为展示我国残疾人事业成就的重要窗口。残疾人高等教育作为社会主义教育的有机组成部分,顺应了从计划体制到市场体制、从封闭到开放、从精英教育到大众教育的历史性改变,为提升残疾人整体素质发挥了关键作用,为构建和谐社会作出了积极贡献,为弘扬自强不息的民族精神和树立现代文明社会的残疾人观提供了实践基础,充分展示了教育在残疾人事业整体中的广泛联系和关键作用,也揭示出一系列值得研究的重要社会问题和复杂关系。

近年来,滨州医学院等院校在完善残疾人人才培养模式、提高培养质量、提升大学文化的同时,高度重视残疾人高等教育的研究,积极探索残疾人高等教育新发展的新路径,探索推动社会进步、促进社会和谐的新渠道,产生了一批研究成果,为多学科深入研究奠定了知识基础。《中央关于加快残疾人事业发展的意见》提出加强残疾人事业理论研究的要求,《关于进一步加快特殊教育事业发展的意见》指出,深入开展特殊教育研究,中国残联领导明确提出开展残疾人大学毕业生发展状况研究的任务。

二、调查结果分析

(一)人口学特征分析

我们对我校招收的23届846名残疾大学生的学籍档案进行分类统计,按照生源地、年龄、性别、入学成绩等基础信息进行统计,得出了全国各省市地区残疾大学生入学人数的时间和空间分布以及性别、考生水平的变化趋势,对各省市残疾人高等教育发展水平进行了初步分析,基本掌握了自 1985 年以来,我国残疾人(肢残)高等医学教育的发展规律和重要节点。

1. 残疾大学生年龄、性别比例时间变化分析

(1) 性别—时间、平均年龄—时间变化趋势分析

数据分析发现,近 30 年来,残疾男生入学比例均高于女生。这或许与传统男女观念有关,一个家庭在相同条件下,更倾向于让家庭的男性成员接受更好的教育。残疾女性往往在基础教育阶段就辍学,得不到更高一级的教育。随着时间的推移,男生入学所占比例逐渐减少,这与更多的女性残疾人有了受教育机会有关(表一)。

表一 残疾学生性别比例时间变化

	1985 年	1995 年	2015 年
男女比例	4∶1	3∶1	2∶1

2. 历年招生数量与生源地分布情况

(1) 历年招生数量

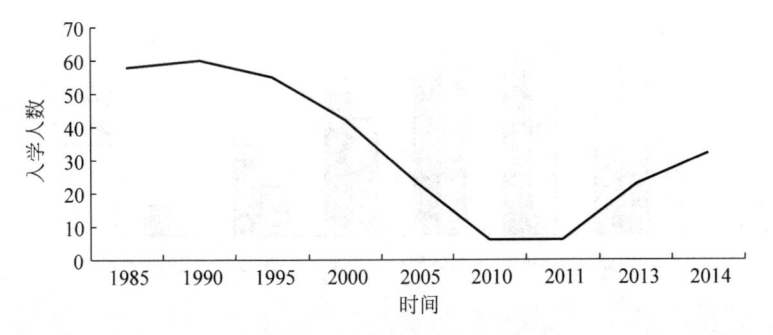

图一 入学人数随时间变化情况

图一显示,与 30 年前相比,如今残疾人入学率较低。这一变化趋势与我国残疾人接受高等教育的总数逐年提高的趋势不相符合,原因主要有两点:一是我国医疗水平和大众疾病预防意识的提高,在此前招生中儿麻患者的数量和比例逐年下降;二是我国高等教育招生政策的变化,高校不再把残疾作为不能入学的标准,残疾大学生尤其是肢体残疾大学生获得了更多的入学选择。

如图一所示,2013 年开始,残疾学生数量有所增加,这是因为滨州医学院于 2012 年扩大了招生类别,在全国率先开展针对视障学生的中医学(针灸推拿方向)医学教育。

(2) 残疾大学生区域(生源地)分布

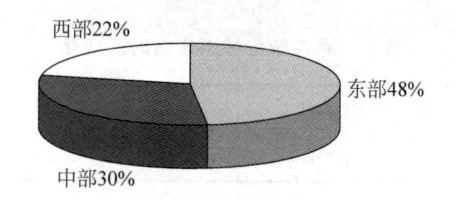

图二 残疾大学生生源地

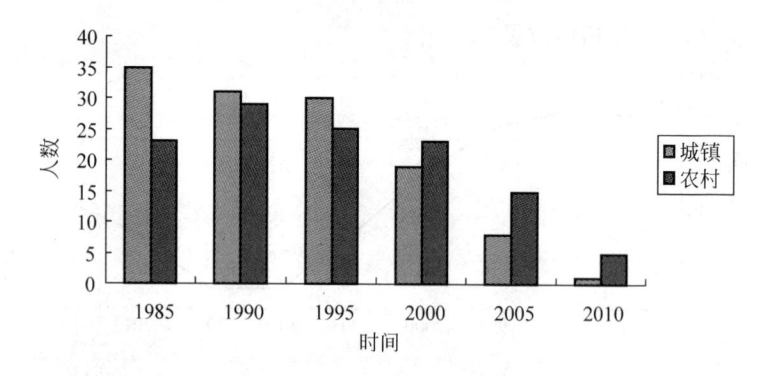

图三 不同年份入学学生的户籍类型

图二显示,30年来,滨州医学院东部残疾大学生数量要远远大于中西部地区,经济较发达省份残疾大学生数量多,这与经济发达地区对残疾人的教育资助力度较大有关。就像有些校友在访谈中提到的,"市、县的资助让我的生活比其他省份的同学更宽裕"。图三显示,80年代至90年代,城镇残疾学生比例较农村残疾学生比例高,这与当时农村学生入学率普遍较低有关。但是2000年以后,农村残疾学生占据了越来越多的比例。这与农村医疗条件较城镇医疗条件差,新生儿缺陷比例较高有关。总体上来说,残疾是一种复杂的社会现象,残疾人高等教育是我国高等教育一部分,是我国高等教育发展的一个缩影。

(二)建立毕业生跟踪系统

我们建立和完善残疾大学毕业生数据库,建立QQ群、博客等即时通讯工具,全面了解和掌握毕业学生的社会发展状况,建立长期跟踪调查机制。通过各方努力,本课题对近千名残疾大学毕业生信息进行了整理,建立了《毕业生通讯录》《毕业生分省市区分布图》《毕业生分省数据分析表》,特殊教育学院成立了"特殊教育学院校友工作小组",专人对残疾大学毕业生数据库进行日常维护,通过电话、email、QQ等联络工具与校友建立长期跟踪调查机制,并为校友提供毕业后服务。

(三)毕业生发展状况分析

我们通过《特殊教育学院毕业生发展状况调查问卷》,从毕业生基本情况、家庭、工作状况、社会发展环境、继续教育等发展状况进行调查,以社会学、心理学、教育学、康复医学为主进行多学科交叉研究,对残疾毕业生综合发展状况进行了全面的分析。纵向比较揭示不同时期残疾大学毕业生发展状况的历史变迁,横向比较揭示残疾人毕业生发展特点;内部比较分析不同专业、残疾类别、性别、区域毕业生发展状况,揭示影响因素及其关系,外部与健全学生发展状况对照分析,揭示社会融合机制。

1. 毕业生就业状况调查分析

(1) 就业率—时间变化趋势分析

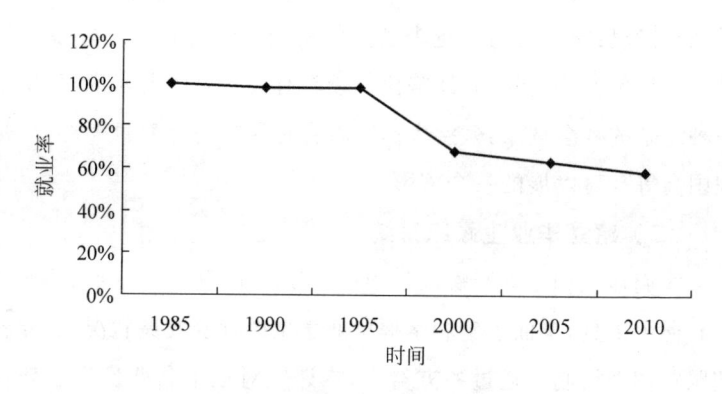

图四　就业率随时间变化情况

结果显示,就业率在计划经济时代,残疾大学生就业率较高,随着高校采取自主择业、双向选择的就业模式,残疾人与健全人同台竞争就业岗位,对残疾人大学生就业率产生了较大的冲击。

(2) 就业质量—时间变化趋势分析

教育水平对提高就业质量有决定性作用,但残疾人大学生就业仍存在明显偏见。教育是残疾人平等参与的阶梯,残疾人大学生不仅实现了比较充分的就业,而且就业层次和质量明显比非大学生残疾人高,这生动地说明,知识创造价值,知识就是力量,知识改变命运。另一方面,许多残疾人学生能从事的重要岗位被排除在外,学非所用、用非所学的情况比较普遍。

例如,滨州医学院残疾人医学系学生已毕业600人,80%在县级以上医疗机构工作,工作的专业性强,收入较高,工作环境较好,工作单位对他(她)们的工作业绩表现给予了很高的评价,但是,相当大比例残疾人学生从事了辅助性工作,专业特长没有充分利用和发挥。

2．毕业生发展社会环境分析

(1) 残疾大学生就业单位满意度分析

思想政治表现、医德医风、热爱本职工作、理论及学术水平和总体评价总体优良率都在90%以上,临床技术操作总体优良率也达到了88.18%。

表二　滨州医学院残疾人医学系毕业生(200人)综合表现

调查项目	优秀		良好		一般		较差		未答	
	例数	比例%	例数	比例%	例数	比例%	例数	比例%	例数	比例%
思想政治表现	97	47.78	92	45.32	1	5.42	1	0.49	2	0.99
热爱本职工作	117	57.64	77	37.93	7	3.45	1	0.49	1	0.49
医德医风表现	108	53.20	85	41.87	9	9.36			1	
理论及学术评价	89	43.84	98	48.28	12	5.91			4	
临床操作技能	81	39.90	98	48.28	19	9.36			5	2.46
总体评价	99	48.77	88	43.35	9	4.43			7	3.45

(2) 残疾大学生社会权利分析

社会扶助残疾人就业的政策效应明显,但是,不少残疾大学生就业人充满曲折。国家实施分散按比例安排残疾人就业的政策,规定用人单位有义务按一定比例接纳残疾人就业,达不到比例的要交纳残疾人就业保障金。这一政策调动了用人单位的积极性。例如,山东邹平县中医院2002年一次性接纳滨州医学院7名残疾大学生,2004年沾化县人民医院要求聘任5名滨州医学院的残疾大学生。同时,仍有不少单位宁可交费也不愿意安排残疾人就业,更多的地方执行这一政策力度不够,用人单位既不安排人就业,也不交纳保障金。由于社会偏见,残疾大学生就业充满艰辛和曲折。

残疾人大学生就业处于矛盾之中,一方面,残疾青年由于受过高等教育掌握了更多的知识和技能,视野更宽,平等意识更强,成就动机更高,有了更高的就业期望,在残疾人群体中处于优势地位;另一方面,社会排斥和偏见普遍存在,在高等教育大众化、大学生就业形势日趋严峻的情况下,残疾大学生处于就业竞争的边缘地位,残疾大学生面临理想和现实的激烈冲突,"高不成低不就"的情况较为普遍,影响残疾大学生的就业满意度,少数残疾大学生不能实现就业,给家庭和社会带来压力和隐患。

(四)残疾大学毕业生成才规律研究

以科研和工作业绩为观测点,与高考入学成绩关联进行分析,分析影响残疾人成才主要因素,总结残疾大学生成才的规律和发展的有效对策,对现行残疾大学生人才培养方案、课程设置等提供了有益参考。

1. 平均入学成绩与就业水平关联分析

表三 入学成绩对就业水平的影响

自变量	自由度	F值	P值
入学成绩	3	10.720	0.008***

表四 不同入学等级之间的两两比较

入学成绩等级	B	C
A	3.71	24.50***
B		3.78

如表四,残疾学生的入学成绩对就业水平有极其显著性影响,其中,等级 A 与等级 C 之间有显著性差异,等级 A 与等级 B 之间、等级 B 与等级 C 之间,对应残疾学生的就业水平没有显著性差异。

2. 残疾大学生考研比例—时间变化趋势分析

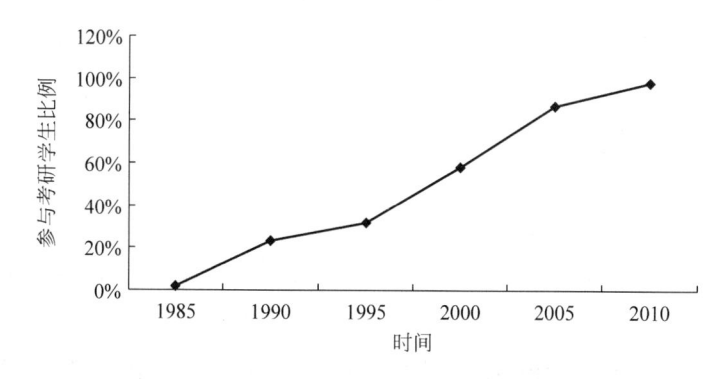

图五 残疾大学生参与考研比例随时间变化情况

图五表明,残疾大学生提高自身知识水平的意愿逐年增强,到 2010 年,几乎全部毕业生都想尝试考研。这与就业形势逐年严峻,社会对医生的学历要求逐年提升相关。

(五)残疾大学生发展需求分析

通过对毕业生生活、工作、康复、教育等发展需求进行调查和统计,提出开展毕业后继续教育、保障和服务对策。

1. 残疾大学生康复需求分析

在问卷调查中,87%的残疾毕业生对目前的康复服务不满意,不满意的理由集中在康复效果不明显(58%),康复费用太贵(43%),康复服务不定期,没有规律(36%)。

2. 残疾大学生继续教育需求分析

在问卷中,58%的残疾毕业生表明,他们需要继续教育,提高自己的业务水平和知识储备。其中,40岁以上残疾毕业生渴求继续教育的比例为38%。超过81%的40岁以下残疾毕业生,想要参与继续教育。

(六)残疾大学生社会融合度研究

以残疾人毕业生为观测点,全面系统地研究一个群体成长成才过程,全面阐释社会发展对个人和群体的具体影响,揭示出残疾现象的复杂侧面,揭示出社会复杂因素的多元互动,折射社会文明进步的历程。

1. 残疾大学生社会融合度变化分析

根据调查,残疾大学毕业生的社会融合程度逐年提升,越来越多的残疾毕业生能更好地适应社会生活。这与社会对残疾人的态度好转,社会无障碍设施的发展息息相关。然而,在"社会同理心"、"表达痛苦权利"的方面,残疾毕业生希望社会能有所理解,有所进步。

三、主要结论

(一)我国残疾人高等教育发展状况

1. 残疾人高等教育发展反映了我国经济社会发展的时代特

点。通过残疾大学生基础数据分析结果,基本能够反映我国各省市残疾人分布以及残疾人教育发展状况。目前,我国残疾人高等教育已初步形成多专业、多层次、多样化的集中与分散相结合的办学格局。

2. 残疾人高等教育发展变化符合高等教育发展的普遍规律。残疾人高等教育作为社会主义教育的有机组成部分,顺应了从计划体制到市场体制、从封闭到开放、从精英教育到大众教育的历史性改变。

3. 残疾人高等教育发展正在经历重要转型,残疾人高等教育发展面临挑战。我国经济社会发展的现实和残疾人面临的严峻挑战,要求积极发展残疾人高等教育。在我国建立社会主义市场经济过程中,残疾人参与社会生活竞争的劣势更加明显;在科学技术日新月异,知识经济迅速崛起,经济全球化竞争加剧的形势下,残疾人由于自身缺陷限制和整体素质相对较低,面临更大的挑战;我国实施科教兴国战略,提高全体人民的整体素质已成为"第一要务",残疾人全面提高素质的任务更加迫切;提高残疾人素质根本在教育,而高等教育的快速发展又进一步拉大了残疾人教育水平与健全人的距离;与此同时,全面建设小康社会、加快现代化建设的新阶段,广大残疾人追求平等、参与、共享的愿望越来越强烈,接受高等教育使他们进入小康社会后更普遍的要求,残疾人基础教育的长足发展,也为高等教育提供了更多的生源。所有这一切,都要求加快发展残疾人高等教育。总之保障残疾人平等分享高等教育大众化的内在要求,发展残疾人高等教育是我国经济发展和社会文明进步必然趋势。残疾人高等教育必将成为高等教育发展的新的增长点,残疾人未来发展的新目标。

(二)残疾人高等教育为我国经济社会发展培养了大批优秀人才

1. "教育照亮人生、知识改变命运"

残疾大学生通过教育培养同样成为社会发展需要的人才。

2. 残疾人高等教育发展与区域经济发展紧密相关

残疾大学毕业生综合发展状况分析表明,残疾大学毕业生发展状况依赖于当地经济社会发展的程度。

(三)学校教育为残疾大学生成长成才打下重要基础

1. 从科研和工作成绩角度,早期残疾大学毕业生发展状况明显优于近期毕业的残疾大学生。

2. 后期毕业学生就业的岗位类别更加少,转行的比例也不断加大。

3. 残疾大学生心理教育、培养方案、社团活动等校园活动对学生成长成才有重要影响。

(四)随着残疾人事业发展,残疾大学生个人发展的生活、工作、康复、教育需求更加迫切

和残疾人自我意识强化,社会文明进步的程度不能满足残疾人社会发展的需求。调查发现,随着残疾人高等教育的发展,残疾大学生对生活、工作、康复、教育等发展需求提出了更多的问题和期望,对我国残疾人权益保障和社会服务提出了更多挑战。

(五)社会软环境不断优化,残疾人更加融入社会生活

1. 残疾人更加迫切的融入社会

本研究分区域和年级等不同分类角度对毕业生个案、群体进行叙事研究,描述生动的成长故事和发展过程,形象生动地反映了社会对残疾认识的不断进步和残疾人不断融入社会的发展趋势。

2. 残疾人融入社会提出更多挑战

四、对策与建议

(一) 大力发展残疾人高等教育,培养优秀残疾人高等人才

1. 提高对残疾人高等教育对我国残疾人事业发展的重要性的认识。

为提升残疾人整体素质发挥关键作用,为构建和谐社会作出积极贡献,为弘扬自强不息的民族精神和树立现代文明社会的残疾人观奠定基础,残疾人教育必将成为展示我国残疾人事业成就和社会文明进步的重要窗口。

首先,要解决认识问题,全面认识残疾人高等教育的必要性、可能性、迫切性。我国发展残疾人高等教育的政治、社会经济条件已经具备,而陈旧观念已成为发展的主要障碍。歧视残疾人的观念,使人们认为残疾人不必、不能接受高等教育;市场化观念又使人们认为残疾人接受高等教育成本太高,利益太低。必须在现代文明社会残疾人观和高等教育大众化时代新的高等教育基础上,认识残疾人高等教育。马克思指出:教育是"人类发展的正常条件"和每一个公民的"真正利益"。对残疾人来说教育是残疾人自立的根基,实现发展和解放的必由之路;残疾人同样有人的价值和尊严,有接受高等教育的需要和能力,残疾人能以他们适应的方式

接受教育,绝大多数通过特殊教育在许多方面可以达到健全人的发展水平,身心机能的代偿机制和多元化智能理论,说明残疾人发展的巨大潜能,是机会剥夺和方式不适应造成了残疾人的发展障碍;残疾人是人类发展不可避免要付出的代价,对残疾人教育提供补偿是政府和社会的责任,为残疾人接受高等教育创造平等的机会和提供特殊扶助,是政府维护社会公平,合理开发残疾人智力资源必须付出的社会"成本";残疾人受教育水平已成为社会文明和教育发展水平的重要标志,残疾人高等教育状况是教育结构合理和均衡发展的重要指标;社会主义国家更应该解决好残疾人教育问题,依法保障残疾人的高等教育权;在高等教育大众化时代,要树立新的高等教育质量观、人才观、发展观,接纳残疾人并提供适宜的教育是高校的崇高义务,是高校文明的具体体现,营造助残自强的环境对于高校建设校园文明、发展先进文化有重要意义。

其次,要完善立法,明确政府责任和高校的权利和义务,为残疾人高等教育发展提供有力的法律保障和政策支持。我国《宪法》《教育法》《残疾人保障法》和《残疾人驾驭条例》等有关法律法规,对残疾人享有平等的教育权提供了法律保障。但是,法规不完善和有法不依的现象还存在,尽管近几年上线考生的录取率达到95%,但是,2001年仍有300名上线考生未能录取,同时高分低录、录非所选的现象普遍存在,实则是对残疾人的歧视。必须根据社会发展的实际,进一步修改和完善有关法律。在残疾人教育相关的法律中,要明确残疾人的优先权,制定更详细的标准和细则,以及明确奖惩措施、明确政府承担保障残疾人高等教育权利的最终责任,政府要把残疾人高等教育纳入教育发展计划,列入议事日程和考核指标,制定发展目标、政策和措施;加大投入建立对特殊高等教育的保障、补偿和奖励机制,调动地方政府和高校的积极性;制定鼓励社会投资和资助残疾人高等教育的政策,形成以政府投资为主体、多元发展的格局;修改高考体检标准,放宽对残疾人的限制;针对残疾大学生特殊困难的实际,实施特殊的学习援助,完善对残疾大学生的资助体系,加强就业指导和服务,实行学业证书和职业资格证书相结合的"双证制";加强对特殊高等教育的管理、指导和评估,制定专业建设和教师队伍建设的规划,扩大高校专业设置的自主权,规范招生。明确高校接纳残疾人的权利和义务,明确奖惩措施。加大宣传,提高残疾人依法争取自身权益的意识,发挥各级残联代表、管理和服务残疾人的职能作用,维护残疾人接受高等教育的合法权益;加强社会宣传和舆论监督,树立自强和助学典型,营造有利于残疾人高等教育的社会环境。

再次,坚持一体化的办学模式,扩大规模,拓展专业,提高层次。滨州医学院的办学实践,创造了适当集中、分散就读、有同有别、有分有合的"滨医模式",这种模式适合我国高校的实际,顺应世界残疾人教育一体化的方向,适应残疾人身心特点和学习生活的特殊要求,有利于学校安排教学和管理,有利于集中建设和设置适宜的环境、实施节省成本,提高使用效率,有利于残疾人融入社会,有利于形成办学特色、探索育人规律、产生社会影响。在我国教育资源十分短缺的情况下,完全一体化是不现实的,而独立创办特教学院的隔离式教育,弊端甚多,国际社会不主张采取。国家重点支持、集中发展已有的特教学院,同时鼓励其他高校创办新的特教学院。根据市场需要和残疾人身心特点,拓展新的专业,要注意发挥残疾人的比较优势,有利于残疾人终身学习和可持续发展;实时发展残疾人研究生教育,现在我国有十几位残疾人在国外就读研究生,我国残疾人高等教育的科学建设,已基本达到研究生水平;现代信息技术为开发残疾人资源、解放残疾人创造了美好前景,加强残疾大学生信息技术教育,运用远程教育,满足残疾学生个别化的教育需要;坚持教育和康复相结合,学校教育和社会教育相结合,全面推进素质教育,促进残疾人高等教育快速、健康发展。

2. 加大残疾人高等教育规律研究,提高残疾人高等教育质量。

大力发展高等教育,增强残疾人综合社会竞争力,是提高残疾人就业率和就业质量,提高残疾人在经济社会中的地位,促进残疾人事业发展必须长期坚持的一项重要举措。利用现代信息技术手段,建立毕业生长效跟踪调查机制,为研究残疾人高等教育发展规律提供了有利条件。

3. 积极调整残疾人高等教育政策,应对残疾人高等教育发展的挑战。

(二)不断提高学校教育质量,为残疾大学生成长成才提供保障

1. 加大人才培养方案、课程设置改革创新,加强个性化培养。

学校教育应该考量社会发展的需要,根据社会人才需求状况不断调整培养目标、人才培养方案以及课程设置。

在专业设置和教育内容上,应分类教学,因材施教,把专业教育与康复医疗、康复训练结合起来。设置专业,一要考虑专业教育对残疾人现实生活产生的影响和推动作用;二要考虑教育对残疾

人一生的作用，对各类残疾人一生之中所有不同时期的发展要求；三要考虑市场需求及未来发展对人才的需求。同时要贯彻专业教育与康复并重的原则，提高对康复工作的认识。从临床医学角度讲，残疾作为某种疾病，根据目前的医疗水平，有些是无法治愈的。但是从康复医学角度讲，残疾作为困难或障碍，是可以用各种科学技术手段消除或逾越的。对残疾人来说，残疾绝不仅仅是生理、功能上的损伤和丧失，更为重要的是由此而导致的心理功能的损伤和丧失以及参与社会意识的损伤和丧失。康复医学的目标就是消除或逾越因生理残疾而导致的各种困难和障碍，使残疾人回归社会，重新获得平等参与的权利。在联合国《关于残疾人的世界行动纲领》中，对康复服务界定为："是针对目标并且时间有限的一段过程，旨在使有缺陷的人在生理心理及社会功能上都能达到最佳程度，从而为他们提供改善生活的工具。为此，可以采取种种措施来弥补某种丧失的技能或某种技能上的限制（例如采用辅助器械），也可以采取一些协助他们适应或重新适应社会生活的措施。"目前国际社会普遍认为，康复不仅仅是医疗康复，还包括心理、教育、职业及社会等康复服务。因此，残疾人高等教育必须把专业学习与康复结合起来，只有这样才能实现残疾人"平等参与"和"均等机会"两大目标。

　　加大师资培养力度。如前所述，我国目前特殊教育师资水平不高，数量不足。建议国家近期先确定在全国和各省的重点高等师范大学设立特殊教育本科专业，并创造条件尽快招收特教研究生，较快地扩大招生数量（包括一定比例的残疾生），以期及时为我国残疾人高等教育输送合格的、足够的师资。

2. 加强就业培训与指导。

解决残疾大学生的就业问题要从以下几个方面进行。

首先,给残疾大学生就业以特别关注,通过宣传、舆论、教育等渠道消除社会对残疾人的偏见,树立现代文明社会的残疾人就业观和扶残助残的风尚,展现残疾人大学生的精神风貌和爱岗敬业的美好形象,提高社会接纳残疾大学生的积极性。《关于残疾人的世界行动纲领》指出:"对残疾人的态度可能是残疾人取得平等权益的最大障碍。"有的人对残疾人就业的需要不够理解和尊重,缺乏人权保障的意识;有的人对残疾人的劳动就业能力估计不足,缺乏人力资源开发和人的全面发展观念;有的人对残疾人就业特殊保护的意义认识不充分,缺乏人道主义情感;有的人对保障残疾人就业的社会责任认识不明确,缺乏对弱势群体的保护理念。

第二,提高残疾大学生参与社会竞争的能力。要以就业为导向调整专业方向,拓宽专业领域,突出职业性和技术性;提高学生自信心,培养学生的合作意识和能力,培养勇于克服困难的耐受挫折的能力,强化创新、创造、创业意识和能力的培养;注重文化基础和整体素质的提高,提高学习能力和可持续发展能力。

第三,采取更积极的政策,优先安排残疾大学生就业。制定激励和补偿政策,采取多种灵活方式,鼓励社会接纳残疾大学生就业。残疾大学生要调整就业预期,转变就业观念,树立先就业再创业的观念,注重终身学习,加强对残疾人集训教育和培训的支持力度,改善残疾人工作环境。

第四,加强就业指导、完善就业服务、开发就业岗位,对残疾大学生实施就业援助。就业援助要从技术援助和社会援助两方面来进行。技术援助方面,建立规范化、科学化、信息化的就业服务体系,以就业服务促进就业。社会援助方面,要建立政府责任体系,各级政府要关注大学生就业,各级机关要依法履行安置残疾人就业的义务。同时,发挥非政府组织、残疾人组织的作用,利用广泛的社会资源支持残疾人大学生就业,形成以政府为主导的社会化就业援助体系。动员全社会关心帮助残疾人大学生就业,给残疾人大学生就业以行政援助、法律援助、经济援助、道义援助、舆论援助。

(三)营造残疾人发展的良好氛围,满足残疾人成才特殊需求

1. 利用现代化信息技术,丰富教育手段,满足残疾人继续教育需求。

2. 加强培训和指导,为残疾人生活、工作和康复提供条件。随着经济社会的发展,残疾大学生对生活、工作、康复、教育等发展需求提出了更多的问题和期望,对我国残疾人权益保障和社会服务提出了更多挑战。在制定残疾人事业发展相关政策应该加大对残疾人隐性需求的调研,考量残疾人事业发展和残疾人自我意识发展的水平。

3. 加强社会软环境建设,营造残疾人发展的良好氛围。相对于各种政策,残疾人更注重社会软环境的发展,尤其是社会对残疾的理解和认同。把握残疾人及残疾人事业的社会宣传尺度,既不刻意隐藏又不过度关注,营造残疾人融入社会的良好氛围

[本课题受到中国残疾人联合会研究课题"中国残疾人大学毕业生发展状况研究"(2012&YB001)支持]

后　　记

　　2015年,是滨州医学院残疾人高等教育创办30周年。30年来,残疾人高等教育从开创先河,形成残健融合、教康结合的特色,到人文精神的深化、升华和弘毅坚守,再到第二次创业的艰难开拓,走过了很不平凡的历程。这项事业使滨医与众不同,推动了社会文明进步,融入了国家发展的大局;这项工作造福了千百学生,改变了他们的人生轨迹,影响了千千万万的大众,理解了作为我们兄弟姐妹的残疾人和我们一样,同样是社会财富和文明的创造者。在这个过程中,我结合工作需要和事业发展,不断思考和研究残疾人教育、就业、康复的一些问题,先后参与和承担了十余项国家及省部课题,这对提高我对残疾人教育规律的认识,拓宽视野超前谋划发展提供了极大的帮助,提出和论证的一些重要理论观点如残疾人劳动保障型就业得到同行的重视,也被国家制定残疾人就业条例采纳。今年,30周年的契机和从事残疾人高等教育工作21年的机缘,促成了我把有关研究成果重新梳理,编辑成册,由商务印书馆出版发行。回顾个人成长和事业发展的历程，研究工作是一个枢纽，两者相互促进，相得益彰，关键是我自觉地以研究者的视角观察探究规律，以行动者的姿态创新探索，努力做到知行合一，理事一贯。因此，化育之道就不仅是学生成长的规律，不仅是事业转化升华的规律，也是我个人提升的清晰路径。

事业发展、学生成长、社会进步的点点滴滴已经融入历史，但不会被淹没，因为历史的辩证法总是让过去不断地回到现在，呈现其现实及未来意义。有心人也总是在回顾历程、展望未来中把握和理解事物的意义，产生很多思考。若能择其精华，点石成金，使其镌刻在历史中，丰富而精彩地呈现给世人，就会给世人无穷的回味。2005年，滨医残疾人高等教育创办20周年之际，学校编辑出版了《为了倾斜的大地》画册，全面回顾和总结了办学20年的成就，画册也成为学校人文教育和校史教育的校本课程。在此之前，1999年，医学二系第一次把学生的成长发展故事和在校发表的文学作品汇集在一起，出版了《飞吧，鸽子》一书，一直非常关心学生和学校发展的张海迪主席热情地支持并为之作序。几年前，中国残联程凯副理事长就嘱咐过我编辑文集。此刻，特别不能忘记的是贾玉忱书记引导我走上研究之路，李克祥院长在事业拓展上给予无私的帮助。从本质上说，我思考的源头是学校的事业发展和学生的成长，他们才是我思想结晶的真正贡献者！同事王友磊负责组织文档整理，付出了很多精力，在此表示衷心的感谢！

而今迈步从头越。目前，全面服务国家残疾人事业的战略定位更加清晰，残疾人优质教育与残疾人服务专业人才特色教育相结合的办学格局已经形成，以听觉言语康复为重点的高端学科平台的创新能力进一步显现。在"健康中国"使命的召唤下,滨州医学院描绘了大康复的发展蓝图,特殊教育定位从办学特色、人文资源到学校战略支点,正努力实现从开创者到引领者的全面跨越。站在新的事业起点,应该有更大的视野,更长远的眼光,更系统的思维来谋划。实践中的问题,必要会催生出更多、更深的思考。这是我寄希望于未来和后来者的。